Eduardo Monsanto

A VIRADA

MILAGRE EM LIMA

2ª impressão

Texto © Eduardo Monsanto

Diretor editorial *Marcelo Duarte*	Projeto gráfico *Alex Yamaki*
Diretora comercial *Patth Pachas*	Diagramação *Daniel Argento*
Diretora de projetos especiais *Tatiana Fulas*	Preparação *Cristian Clemente*
Coordenadora editorial *Vanessa Sayuri Sawada*	Revisão técnica *Sérgio Miranda Paz*
Assistente editorial *Olívia Tavares*	Revisão *Beatriz de Freitas Moreira*
	Impressão *Lis Gráfica*

CIP – BRASIL. CATALOGAÇÃO NA FONTE
SINDICATO NACIONAL DOS EDITORES DE LIVROS, RJ

Monsanto, Eduardo, 1979-
A virada: milagre em Lima/ Eduardo Monsanto. – 1. ed. – São Paulo: Panda Books, 2020. 240 pp.

ISBN: 978-65-5697-074-5

1. Futebol – Brasil. 2. Clube de Regatas do Flamengo. 3. Copa Libertadores da América. 4. Lima (Peru). I. Título.
Bibliotecária: Camila Donis Hartmann – CRB-7/6472

20-66457   CDD: 796.334
                 CDU: 796.332

2021
Todos os direitos reservados à Panda Books.
Um selo da Editora Original Ltda.
Rua Henrique Schaumann, 286, cj. 41
05413-010 – São Paulo – SP
Tel./Fax: (11) 3088-8444
edoriginal@pandabooks.com.br
www.pandabooks.com.br
Visite nosso Facebook, Instagram e Twitter.

Nenhuma parte desta publicação poderá ser reproduzida por qualquer meio ou forma sem a prévia autorização da Editora Original Ltda. A violação dos direitos autorais é crime estabelecido na Lei nº 9.610/98 e punido pelo artigo 184 do Código Penal.

Para Olívia.
O caminho é a recompensa. Te amo.

Para Zeca.
Ser o seu pai faz a vida valer a pena.

E para Dalva.
Presença em forma de saudade.

SUMÁRIO
★★★★★★★

O MUNDO DE NOVO? 7

AMOR NÃO CORRESPONDIDO 25

RECONSTRUÇÃO 28

BOLSA DE VALORES 42

CINZAS 47

TESTE DE NERVOS 59

APOSTA PORTUGUESA 86

NA MARCA DO PÊNALTI 94

XADREZ COLORADO 112

PASSAGEM DE BASTÃO 122

MILAGRE EM LIMA 136

EPÍLOGO 167

AGRADECIMENTOS 169

REFERÊNCIAS BIBLIOGRÁFICAS 173

O MUNDO DE NOVO?

★★★★★★★★★★★★★★★

"*Moraes! Galvão! Chegou a hora de gritar bicampeãããããão!!!*"
A dobradinha Moraes Moreira-Luiz Galvão gerou alguns dos maiores clássicos da MPB. Juntos, fizeram *Acabou chorare*, *Mistério do planeta* e *Preta pretinha*, pérolas do cancioneiro nacional. Apesar da grande identificação de Moraes Moreira com a torcida rubro-negra, o canto da galera em Doha, no Catar, nada tinha a ver com os Novos Baianos. Os rubro-negros que cercavam a equipe da TV Globo homenageavam Francisco Albertino de Moraes, que há décadas é a cara do Flamengo na arquibancada, e Galvão Bueno, principal locutor esportivo do Brasil, dono da voz que eternizou grandes conquistas do clube da Gávea.

"*Moraes! Galvão! Chegou a hora de gritar bicampeãããããão!!!*"
A entrevista que Galvão Bueno fizera com Moraes Moreira em 1981, antes da inesquecível vitória do Flamengo sobre o Liverpool em Tóquio, era repetida 38 anos depois. Na época do primeiro encontro, Galvão estava havia poucos meses na TV Globo. Era um narrador promissor, recém-chegado da TV Bandeirantes. Moraes era funcionário da extinta Embrafilme e viajava atrás do time de Zico mundo afora. Ele se tornou uma espécie de embaixador da Raça Rubro-Negra na Copa do Mundo de 1982, quando levou a bandeira da torcida à Espanha. O gesto foi repetido em todos os Mundiais desde então, e a paixão pelo Flamengo continuou fazendo com que Moraes seguisse sempre os mesmos caminhos que o time de coração. Não importa onde seja.

O reencontro de Galvão e Moraes, personagens daquela velha reportagem, não era a única coincidência. Os finalistas do Mundial também seriam os mesmos daquela longínqua partida no Japão.

"Trinta e oito anos depois, tô aqui com o Moraes, que eu conheço há mais de quarenta anos. Moraes, o Flamengo vai ser campeão?"

"Bicampeão! Nós vamos ganhar de novo contra o mesmo time, com a mesma vontade! Esse time vai ficar na história como o time de 1981 ficou. Esse time tem que lembrar o seguinte: a história conta os vencedores. A história execra os perdedores. Então nós vamos ganhar e vamos ser bicampeões!"

"Moraes! Trinta e oito anos depois... quem diria? Tomara que você esteja certo! Me dá um abraço!"

* * *

A frase era surrada e sempre aparecia em cartazes de torcedores quando qualquer time brasileiro engrenava uma boa sequência de resultados. "Rumo a Tóquio!" virou bordão, já que a disputa entre os campeões da América do Sul e da Europa sempre acontecia na capital do Japão. Com o passar dos anos, a Fifa tomou as rédeas da competição e mudou o formato. Outros países, como Emirados Árabes e Marrocos, vieram a sediar o evento, que teve o número de participantes ampliado para incluir campeões dos demais continentes e equipes dos países-sede. Em 2019, o Catar seria pela primeira vez o anfitrião do Mundial de Clubes da Fifa. E veria de perto a paixão da torcida rubro-negra por seu time.

A viagem do Flamengo para Doha estava marcada para 13 de dezembro, quatro dias antes da estreia. Com menos gente que na inesquecível despedida dos jogadores para a decisão da Libertadores, um novo AeroFla cercou o elenco rubro-negro de carinho e motivação do Ninho do Urubu até o Aeroporto do Galeão. O primeiro adversário seria o vencedor do confronto entre Al-Hilal (Arábia Saudita) e Espérance (Tunísia) nas quartas de final. O todo-poderoso Liverpool estava do outro lado da chave e só cruzaria o caminho do Flamengo numa eventual final.

O favoritismo dos ingleses no Mundial era amplo e justificado. O título da Champions League, conquistado meses antes com excelente futebol, era apenas uma das razões para respeitar o clube da cidade dos Beatles: o Liverpool não perdia um jogo no Campeonato Inglês havia 11 meses! Concorrendo com um adversário tão poderoso, a única obrigação do Flamengo era não repetir os vexames de Internacional e Atlético Mineiro, que em semifinais anteriores da competição caíram respectivamente para os modestos Mazembe (República Democrática do Congo) e Raja Casablanca (Marrocos).

Nas quartas de final, o Al-Hilal venceu o Espérance por 1 X 0, gol do atacante francês Gomis. Os sauditas ganhavam assim o direito de enfrentar o Flamengo na semifinal. Sediado em Riad, o Al-Hilal contava com o volante colombiano Gustavo Cuéllar, que tinha sido parte da campanha vitoriosa na Libertadores e foi comprado por 34 milhões de reais. Outras caras conhecidas do time eram o italiano Giovinco e o peruano Carrillo. Para dificultar a partida, os jogadores do Al-Hilal conheciam bem o técnico do Flamengo, já que Jorge Jesus havia treinado a equipe asiática até janeiro de 2019. O técnico português chegara à Gávea em junho daquele mesmo ano e, conforme os costumes brasileiros, foi chamado pelos jogadores de "professor" em seu primeiro treino. "Professor? Não, professor é quem ensina. Eu sou *mister*!"

Rubro-negros espalhados por todo o país pararam naquela tarde de terça-feira (14:30 horas pelo horário de Brasília), 17 de dezembro, para ver como o Flamengo se sairia no jogo mais perigoso da competição, em que o nervosismo da estreia se unia à absoluta falta de espaço para erros, já que a partida era eliminatória.

O estádio Khalifa tinha clarões na arquibancada. Muitos torcedores do Flamengo que ainda pagavam as prestações da ida à Lima para a final da Libertadores endividaram-se ainda mais para viver de pertinho o sonho de repetir 1981. Jorge Jesus escalou o mesmo time que começou a final contra o River Plate em Lima: Diego Alves, Rafinha, Rodrigo Caio, Pablo Marí e Filipe Luís; Willian Arão, Gerson, Everton Ribeiro e Arrascaeta; Bruno Henrique e Gabigol.

DIEGO ALVES

> A gente sabia que o foco tinha que ser o Al-Hilal no primeiro jogo. Era uma situação especial pro Mister. Ele tem essa guerra de ego com os ex-times. Ele enchia a boca pra falar que tinha montado aquele time, que conhecia os jogadores, mas que nós é que íamos ganhar!

O time saudita começou a partida mostrando que sabia jogar futebol. A primeira chance do Al-Hilal veio aos seis minutos, em escanteio fechado cobrado por Giovinco, que Willian Arão afastou, desviando a bola de cabeça para a linha de fundo. O meia-atacante italiano criou outra oportunidade aos dez, em jogada ensaiada que envolveu a defesa e deixou Salem Al-Dawsari em condições de finalizar dentro da área. Everton Ribeiro o surpreendeu de carrinho e evitou o gol. O Flamengo só ameaçou com clareza aos 14, quando o goleiro Al-Muaiouf saiu do gol para rebater escanteio cobrado por Arrascaeta e mandou a bola na direção da meia-lua. Gerson ajeitou o corpo e bateu de chapa, direto para o gol. A bola passou muito perto da trave esquerda.

O Al-Hilal não se mostrava intimidado diante do campeão da Libertadores, e já no minuto seguinte Salem Al-Dawsari ganhou de Rodrigo Caio na área e chutou cruzado. Diego Alves fez uma defesa dificílima e Gomis apareceu sozinho no rebote. A bola chegou veloz ao francês, que concluiu de pé esquerdo e jogou por cima do gol. Aos 16 minutos, Gabigol tentou finalizar de fora da área, mas a bola passou por cima da trave de Al-Muaiouf. O jogo era franco. Giovinco percebeu o espaço deixado por Filipe Luís na esquerda e lançou na ponta para o lateral Al-Burayk. Não faltou tempo para enxergar a movimentação na área e perceber a infiltração de Salem Al-Dawsari, que apareceu livre para bater perto da marca do pênalti. Pablo Marí ainda tocou na bola, que foi no contrapé de Diego Alves e colocou o Al-Hilal na frente aos 17 minutos de jogo.

O gol mexeu com o Flamengo, que subiu a marcação e começou a forçar erros do adversário na saída de bola. A correria imposta pelo campeão asiático deu pouca margem para novas chances na primeira etapa, e o melhor que o Flamengo conseguiu foram duas cabeçadas sem perigo com Arão aos trinta e Bruno Henrique quase no fim do primeiro tempo.

RENÊ

Me lembro que eles fizeram uma jogada no primeiro tempo e quase tomamos o gol. O Mister falou pro banco: "Essa jogada aí é minha! Eu avisei!". Riu e depois deu uma dura danada: "Como é que nós treinamos todo dia essa jogada e vocês iam tomando o gol?".

RAFINHA

Eu já tinha participado do Mundial em 2013. Joguei as duas partidas e fui campeão pelo Bayern. Eu sabia o peso que era a competição. Só que o Flamengo não disputava havia muito tempo, e vários jogadores que ainda não tinham participado de um Mundial sentiram o jogo. Foi um primeiro tempo um pouco abaixo do que a gente sabe. Tivemos que colocar as coisas no lugar pra que a gente pudesse reverter o placar.

A sacudida no intervalo, que tinha funcionado tão bem em Lima, teve o mesmo efeito em Doha. Com dois minutos do segundo tempo, Gabigol já caía pela ponta direita e tentava o primeiro cruzamento para Bruno Henrique. Al-Muaiouf mergulhou e impediu o gol de empate. Um minuto depois, Rafinha iniciou a jogada pela direita, acionou Gabigol entre as linhas de marcação e o centroavante percebeu a infiltração de Bruno Henrique. Enquanto goleiro e zagueiro saíram para abafar o atacante rubro-negro, Arrascaeta entrava livre pela esquerda. O passe chegou ao uruguaio, que bateu para o gol vazio e deixou tudo igual no estádio Khalifa. A comemoração foi com um gesto de coraçãozinho para a esposa, Camila.

ARRASCAETA

Foi um jogo que começou difícil pra nós. A gente não se encaixava no esquema deles. À medida que foi passando o tempo, conseguimos jogar melhor. O primeiro gol foi uma jogada linda do nosso ataque, depois acabamos dominando.

Nos minutos seguintes, Gabigol forçou algumas jogadas pela direita, mas esbarrou na boa defesa do Al-Hilal. O time de Cuéllar incomodou em duas chegadas na sequência, com Carrillo batendo de fora da área (por cima) e Giovinco cobrando falta (para fora). Rafinha crescia na parte ofensiva durante o segundo tempo e, aos 32 minutos, avançou pela ponta e cruzou na medida para Bruno Henrique aparecer entre os zagueiros e cabecear com força. Era o gol da virada. Para acalmar de vez a Nação, aos 36 minutos Bruno Henrique apareceu pelo lado esquerdo e cruzou na direção de Gabigol, no segundo pau. O zagueiro Al-Bulayhi se apavorou, tentou cortar e marcou gol contra. Com os 3 X 1, o Flamengo voltava a jogar a decisão do Mundial depois de 38 anos. A primeira na edição organizada pela Fifa.

No dia seguinte, a delegação do Flamengo estava toda na tribuna do estádio Khalifa para ver o campeão da Europa estrear na competição contra o Monterrey, do México. O Liverpool não teria Virgil van Dijk, tido como o melhor zagueiro do mundo. O holandês passou mal e nem saiu do hotel. Jürgen Klopp improvisou o capitão Henderson na zaga e poupou o lateral direito Alexander-Arnold, os atacantes Sadio Mané e Roberto Firmino. Do fabuloso e mundialmente conhecido trio de ataque, só Mohamed Salah começaria jogando a semifinal.

O egípcio deu o passe para Keita se infiltrar na área e marcar o primeiro do Liverpool aos dez minutos do primeiro tempo. O argentino Funes Mori conseguiu empatar aos 13, aproveitando rebote de Alisson num chute de Gallardo. Os mexicanos deram trabalho na etapa inicial, e o jogo continuou equilibrado após o intervalo. Klopp demorou um pouco para utilizar as estrelas que estavam no banco. O senegalês Mané entrou aos 23 minutos (no lugar de Shaqiri), Alexander-Arnold aos 29 (na vaga de Milner) e Firmino só substituiu Origi aos quarenta. O jogo já entrava nos acréscimos quando Alexander-Arnold cruzou da direita e Firmino desviou na pequena área para levar o Liverpool à final.

RENÊ

> Nós estávamos na arquibancada e não sabíamos para quem torcer. Se desse Monterrey, teoricamente a gente jogaria contra um time mais fraco. Mas nós fomos ao Mundial para enfrentar o Liverpool!
>
> Eu lembro que, no finalzinho do jogo, nosso time todo estava torcendo para o Monterrey. Os mexicanos estavam bem, mas o Liverpool passou. Por dentro, o que todo mundo queria era esse jogo mesmo.

E o sábado, 21 de dezembro de 2019, chegou. Se em 1981 Flamengo e Liverpool tinham em Zico e Kenny Dalglish seus principais astros, o protagonismo desse reencontro estava bem-dividido nas duas equipes. Havia craques em todos os setores de ambos os times, mas a balança pendia para o lado inglês. O investimento dos Reds na montagem do elenco foi quase nove vezes maior que o do Flamengo. Enquanto Klopp teve quatro anos para dar o padrão ideal a seu time, Jesus contava com apenas um semestre de trabalho.

PABLO MARÍ

A gente não tinha nada a perder. Era o melhor time do mundo, estavam ganhando sem parar. A gente vinha com o sonho de ser campeão do mundo. Se enfrentavam duas grandes equipes, e uma delas tinha um sonho.

Para dar ainda mais força ao time europeu, Van Dijk estava de volta à zaga, e o treinador não repetiria a ideia de poupar seus destaques. A prioridade do Liverpool era sair da fila de trinta anos sem ganhar o Campeonato Inglês, mas agora que o time estava em Doha queria levar para Anfield um dos poucos títulos que ainda faltavam ao clube. Coincidentemente, os dois times vestiram as mesmas cores da final de 1981: Liverpool todo de vermelho, Flamengo de branco. Jorge Jesus e Jürgen Klopp se encontraram no túnel que dava acesso ao gramado e se abraçaram. Firmino também cumprimentou alguns companheiros de Seleção Brasileira antes de as equipes subirem ao gramado. O árbitro catari Abdulrahman Al-Jassim puxou a fila, enquanto Jordan Henderson e Everton Ribeiro lideravam a entrada de Liverpool e Flamengo em campo ao som de *Seven nation army*, sucesso de The White Stripes, que fazia parte do cerimonial da Fifa.

JORGE JESUS

Estávamos muito confiantes. O Flamengo é uma das melhores equipes do mundo, mas era a primeira vez que tanto eu, como treinador, quanto os jogadores íamos a uma final do Campeonato do Mundo. Jogamos numa situação de inferioridade. Tínhamos quarenta jogos a mais numa altura da temporada em que o Liverpool estava no seu melhor e o Flamengo vivia o final da época.

E onde estaria naquele momento o maior ídolo da história do Flamengo? Zico ocupava o cargo de diretor técnico do Kashima Antlers e, como faz todo fim de ano, havia se programado para passar as festas no Rio de Janeiro. Ainda em outubro, o time de Zico se classificou para a semifinal da Copa do Imperador e jogaria no dia 21 de dezembro. Zico tinha marcado o voo Narita-Dubai-Rio para depois da partida do Kashima, e a viagem aconteceria no mesmo horário da final do Mundial de Clubes. O eterno camisa 10 da Gávea tinha esperança de que a empresa aérea Emirates, que mostrava ao vivo os jogos da Premier League em suas aeronaves, pudesse exibir também a decisão entre Flamengo e Liverpool. Zico não teve essa sorte, mas o avião tinha sinal de internet e ele poderia ao menos acompanhar informações em tempo real.

Um pedido ecoava em todos os lugares onde o Flamengo jogava em 2019: "E agora seu povo quer o mundo de novo!". Os 11 atletas que tentariam satisfazer esse desejo eram Diego Alves, Rafinha, Rodrigo Caio, Pablo Marí e Filipe Luís; Willian Arão, Gerson, Everton Ribeiro e Arrascaeta; Bruno Henrique e Gabigol. Os ingleses começariam com Alisson, Alexander-Arnold, Van Dijk, Joe Gomez e Robertson; Henderson, Keita e Oxlade-Chamberlain; Salah, Firmino e Mané.

FILIPE LUÍS

O Jesus preparou muito bem a estratégia desse jogo. Ele avisou tudo. "O Salah faz esse movimento. O Firmino, esse vem jogar no pé. Pablo Marí, segue o Firmino! Rafinha, o Mané é muito rápido, fica atento ao Rodrigo Caio na cobertura! Nós não vamos respeitar! Nós vamos lá, vamos tirar a bola deles!"

RAFINHA

Minha missão era cuidar do Mané, marcar o Mané em cima. E chegar também no ataque, porque nosso lado direito é muito forte. Criar situações de cruzamento, de ataque, de finalização. Eu já tinha feito isso pelo Bayern na Liga dos Campeões justamente contra o Liverpool e me saí bem. Eu sabia muito bem o que me esperava.

No encontro de capitães, Henderson pediu a bola e Everton Ribeiro escolheu começar o jogo no campo à esquerda das cabines. Salah foi o primeiro a tocar na bola quando Abdulrahman Al-Jassim apitou. Será que a equipe que venceu o Campeonato Brasileiro com folga e encerrou o longo jejum na Libertadores estaria pronta para o time apontado como o melhor do mundo pela crítica?

O Liverpool só precisou de 39 segundos para criar a sua primeira chance. Alexander-Arnold lançou Firmino nas costas de Rodrigo Caio, o centroavante dominou no peito dentro da grande área e finalizou por cima do gol de Diego Alves. O susto não afastou o Flamengo de sua proposta de jogo, e a primeira finalização veio em uma batida de fora da área com Arrascaeta. O chute subiu demais. O lado esquerdo da defesa rubro-negra, que tinha apresentado falhas na final da Libertadores e na semifinal do Mundial, foi testado aos quatro minutos: Henderson apostou em uma bola longa para Salah, que foi mais veloz que Filipe Luís. Pablo Marí bloqueou a passagem do egípcio, que rolou para Keita chegar batendo. Outra vez a finalização encobriu a meta. Dois minutos depois, Gerson tentava sair para o jogo quando foi desarmado pelo lateral esquerdo Robertson ainda no campo de defesa. Alexander-Arnold entrou na diagonal para receber o passe, carregou a bola pela intermediária e soltou um chute cruzado que passou a centímetros da trave direita de Diego Alves.

Sobreviver às primeiras chegadas dos ingleses deu um pouco mais de confiança ao Flamengo. O time de Jorge Jesus tentava ficar mais com a bola e mostrar personalidade. Everton Ribeiro meteu uma caneta no lateral Robertson e levantou a torcida. Rafinha conseguiu apoiar o ataque aos 17 minutos, cruzando no segundo pau. A cabeçada de Bruno Henrique bateu em Joe Gomez e subiu, Chamberlain rebateu para a entrada da área e Gabigol disparou em cima de Van Dijk. O caminho parecia ser pela direita, e Rafinha lançou Bruno Henrique na ponta. O atacante tirou Joe Gomez da área, atrasou para Gerson e partiu para receber a devolução. Já na linha de fundo, esperou a chegada de Gabigol e cruzou, mas a bola passou às costas do centroavante.

Quem disse que goleiro de seleção não erra? Aos 23 minutos, Alisson buscava o passe para Henderson no meio-campo, mas viu Arão se antecipar e armar o contra-ataque. Bruno Henrique não tomou conhecimento de Alexander-Arnold, rolou para a pequena área e Van Dijk tirou mais uma vez. Aos 26, Bruno Henrique voltou a aprontar para cima do badalado lateral direito do Liverpool. O atacante foi lançado por Pablo Marí e ganhou de Alexander-Arnold na velocidade. Na hora de finalizar na área, porém, foi atrapalhado por Joe Gomez, que cedeu o escanteio. O Flamengo passava a controlar o jogo, tendo mais finalizações (4 X 3) e posse de bola (60% X 40%) na primeira meia hora de partida.

RODRIGO CAIO

No primeiro tempo eles correram atrás de nós, e a gente, em alguns momentos, sentiu que poderia vencer a partida. Quem fizesse o primeiro gol dificilmente sofreria a virada.

O protagonismo do jogo até ali era de Bruno Henrique. Aos 32, o atacante apareceu no segundo pau para aproveitar o cruzamento de Rafinha na direita. A cabeçada bateu em Joe Gomez, e instantaneamente Gabigol e Bruno Henrique ergueram os braços para pedir a penalidade. O juiz, corretamente, mandou o jogo seguir. O Liverpool não incomodava havia muito tempo, mas quase saiu na frente aos 37 minutos. Com o Flamengo todo no ataque para um escanteio, Rafinha errou um passe para Everton Ribeiro e a bola caiu nos pés de Salah. A cena era desesperadora, com Gerson e Filipe Luís sendo os únicos defensores diante de cinco jogadores de vermelho em disparada. Quando o egípcio tentou virar a jogada para Firmino, milagrosamente o lateral esquerdo rubro-negro conseguiu rebater a bola. Jorge Jesus quase teve um filho na área técnica.

Enfrentar os campeões da Europa não deixava margem para quaisquer erros. Quase no fim do primeiro tempo, Rafinha segurou Mané quando o Liverpool puxava um contra-ataque. O senegalês reagiu, derrubou o brasileiro e acabou levando o cartão amarelo. O bate-boca entre o lateral rubro-negro e o atacante do Liverpool foi a última cena relevante de um primeiro tempo em que o Flamengo fez frente aos ingleses.

RAFINHA

Eu tinha que ser mais malandro que ele naquele momento. Como ele é muito rápido, a hora que ele fez a tabela no meio e saiu, eu me enrosquei com ele. Ele me deu um tapa e pegou meio que nas minhas costas, meio que na minha cabeça. Eu caí no chão e ele ficou bravo. "Pô, quem fez a falta foi você!" "Fiz a falta, mas não te atingi. Você me deu um tapa de propósito!" Aí trocamos algumas palavras lindas (risos). Ele falou umas bobagens em inglês. Eu não sei o idioma, mas sei xingar em inglês. E falei algumas também. Ficou por isso mesmo. Discutimos, mas depois ficou tudo certo. Faz parte.

O Galinho de Quintino continuava sobrevoando os céus da Ásia durante a partida e recebia da família informações sobre o jogo por meio de aplicativos de mensagens. Zico soube que o primeiro tempo tinha terminado sem gols e que o time rubro-negro havia se saído bem na primeira etapa. Só que a angústia tomou conta com o aviso do comissário de bordo: o avião estava entrando em um longo trecho sobre o espaço aéreo chinês e perderia o sinal de internet. Só daria para saber o resultado depois da partida.

Em Doha, as equipes voltaram sem alterações para o segundo tempo. O Flamengo passaria a atacar no gol à esquerda das cabines, pertinho de onde estava concentrada a torcida rubro-negra no estádio Khalifa. Com um minuto e meio de jogo, Henderson recebeu na intermediária e lançou Firmino entre os zagueiros do Flamengo. Rodrigo Caio tentou o bote e foi encoberto com um leve toque de direita do centroavante da Seleção Brasileira. Firmino fuzilou de canhota, a bola quicou e explodiu na trave direita de Diego Alves e saiu, na chance mais clara de toda a partida até ali. Sufocando o Flamengo no campo de defesa, o time inglês voltou a ameaçar aos quatro minutos, quando Alexander-Arnold ganhou de Filipe Luís na velocidade e cruzou na área para Salah escorar à esquerda de Diego Alves.

O Flamengo voltou a finalizar aos sete minutos, quando Arrascaeta recebeu de Bruno Henrique, invadiu a área e fez o pivô para Gabigol bater da meia-lua. O chute de canhota passou um pouco acima do travessão. No mesmo minuto, os rubro-negros estiveram muito perto do gol. Arão recuperou a bola num erro de Alexander-Arnold e procurou Everton Ribeiro na entrada da área. O capitão tocou de primeira para Gabigol, que chutou cruzado e rasteiro antes que Van Dijk chegasse. Alisson conseguiu uma defesa dificílima, espalmando para escanteio.

O jogo, muito truncado, só voltou a ter um lance de perigo aos 21 minutos. Arrascaeta saiu da marcação de Gomez na intermediária e fez o passe para a infiltração de Gabigol. O centroavante soltou a pancada de perna esquerda, mas foi bloqueado por Van Dijk e teve que se contentar com um escanteio. Dois minutos mais tarde, nova oportunidade rubro-negra criada por Bruno Henrique pela ponta esquerda. Após cortar Alexander-Arnold, o atacante cruzou para Gabigol na área. De costas para o gol, o centroavante do Flamengo concluiu com uma puxeta, e Alisson teve que mergulhar no canto esquerdo para fazer a defesa.

O meia Chamberlain torceu o tornozelo aos 27 minutos e Jürgen Klopp teve que fazer a primeira alteração na equipe, colocando em campo Adam Lallana, que atuava na mesma posição. A torcida do Flamengo levou um pequeno susto com um gol corretamente anulado de Salah, aos trinta minutos. O egípcio estava visivelmente impedido quando recebeu o passe de Keita, e Diego Alves nem chegou a saltar na bola, erguendo o braço para pedir a marcação da posição irregular. Jorge Jesus fez a sua primeira substituição aos 31, sacando Arrascaeta para a entrada de Vitinho.

ARRASCAETA

O jogo foi muito intenso. Além de atacar, também corremos bastante com os laterais deles. Sentimos um pouquinho o desgaste da temporada, e o Mister acabou fazendo alterações. Certamente as mudanças iam dar um gás a mais para o nosso time.

VITINHO

A atmosfera estava um pouco diferente, era um jogo mais neutro. O Jesus me pediu para apostar no um contra um e levar o time para a frente. Quanto mais próximo do gol a gente jogasse, mais chances teríamos.

Os Reds buscaram mais uma chance aos 34, quando Firmino desceu pela ponta esquerda até a linha de fundo e cruzou para trás. A bola passou por Salah e Keita e parou em Alexander-Arnold, que ajeitou para o pé direito e chutou. A bola desviada por Vitinho foi encaixada pelo goleiro Diego Alves.

Diego tinha entrado bem contra o River Plate e teria outra chance de ajudar o Flamengo nos minutos finais diante do Liverpool. Jorge Jesus tirou o capitão Everton Ribeiro, que passou a faixa para o companheiro que entrava.

EVERTON RIBEIRO

> Foi uma opção tática. Ele falou que achava que a gente estava meio cansado. Tentou mudar um pouco, dar um gás a mais ali para que pudéssemos criar chances, chegar e ganhar o jogo.

As disputas no meio-campo eram ríspidas; numa delas, Salah entrou de sola em Vitinho e levou cartão amarelo. A torcida brasileira no estádio Khalifa cantava em *loop* o tema que embalou o time na temporada, dando ênfase especial ao "E agora seu povo quer o mundo de novo!". Faltava pouco tempo para o fim dos noventa minutos, e o equilíbrio no campo enchia cada rubro-negro de fé. Mas o clima era de atenção máxima, já que o Liverpool tinha como característica conseguir vitórias nos momentos finais das partidas.

O cronômetro já estava nos quarenta minutos quando Mané acelerou em um contra-ataque que pegou a defesa rubro-negra desarrumada. O senegalês rolou para Salah na área. Enquanto o egípcio atraía a marcação, a entrada da área estava livre para o capitão Jordan Henderson finalizar. O chute de fora da área tinha destino certo, o ângulo superior esquerdo, mas Diego Alves conseguiu alcançar a bola de maneira espetacular e desviou para escanteio. O Flamengo não conseguia mais ameaçar os ingleses, que dominavam a segunda metade da etapa complementar. Vitinho também entrou na lista de jogadores advertidos por matar um contra-ataque puxando Keita. O árbitro deu cinco minutos de acréscimos, tempo que as duas equipes teriam para evitar a prorrogação prevista em caso de empate.

Exatamente aos 45 minutos, Salah recebeu uma bola rebatida por Van Dijk e amorteceu para Firmino. O centroavante brasileiro anteviu a infiltração de Mané e deixou o senegalês na cara do gol. Rafinha entrou de carrinho para evitar a finalização e o juiz deu pênalti para os ingleses. Rafinha e os demais jogadores do Flamengo se desesperaram e cercaram Abdulrahman Al-Jassim. O lance teria que ser decidido com o auxílio do VAR, o árbitro assistente de vídeo. Salah já estava posicionado para bater o pênalti enquanto Rafinha seguia protestando com as mãos, jurando que só tinha visado a bola. O juiz do Catar fez o gesto característico do VAR e foi até o monitor decidir a sorte do Flamengo. Como as imagens mostraram que a falta teria acontecido fora da área, três minutos e dez segundos de agonia depois, Al-Jassim desmarcou o pênalti, retirou o cartão amarelo do lateral rubro-negro e nem falta deu. Rafinha e a torcida comemoraram como se fosse um gol.

RAFINHA

Aquilo ali foi duro, teste pra cardíaco! Eu sabia que não tinha feito pênalti. Na hora que o Mané foi chutar, eu coloquei o pé na bola e acabei atrapalhando ele. Eu não o atingi, tinha certeza que não tinha sido pênalti. Só que a hora que o juiz deu, eu fiquei com medo. "Meu Deus, não acredito que vamos tomar um gol agora por minha culpa!" Mas graças a Deus não foi nada. Ainda bem!

Abdulrahman Al-Jassim deu jogo até os 53 minutos do segundo tempo, mas o 0 X 0 não saiu do placar. Pelo menos mais meia hora de futebol seria necessária para conhecer o novo campeão do mundo. Os times voltaram para o tempo extra com as mesmas formações. O cansaço após 74 jogos na temporada era evidente. Gabigol caiu com cãibras aos dois minutos de prorrogação e deixou o gramado de maca. O milagre de Lima não parecia próximo de um replay. O time brasileiro sofria com a correria e as bolas longas impostas pelos ingleses. Cada vez que o rubro-negro recuperava a posse de bola tentava acionar Bruno Henrique à frente, mas o atacante estava bem-marcado. A primeira boa chance do Flamengo no tempo extra foi com Vitinho, aos cinco minutos: o atacante avançou pela ponta esquerda e meteu uma caneta em Alexander-Arnold antes de cruzar da linha de fundo. Van Dijk se antecipou a Bruno Henrique e mandou para escanteio.

VITINHO

As pessoas lembram desse lance. "Caramba! Que caneta que ele deu!" Eu também considero o Alexander-Arnold um dos melhores laterais do futebol atual, tem um caminho imenso pela frente. Aquela caneta ali foi um dos dribles que eu costumo fazer, mas sempre na direção do gol.

Em nova chegada pela esquerda, aos sete minutos, Filipe Luís tabelou com Vitinho e cruzou para Gabigol, já de volta ao gramado, no segundo pau. O centroavante cabeceou sem equilíbrio e jogou a bola para trás. A defesa do Flamengo estava desarrumada após mais uma descida ao ataque. Aos oito minutos do primeiro tempo da prorrogação, Henderson, ainda no campo de defesa, lançou na direção de Mané. A bola quicou na frente de Rodrigo Caio e, ao tentar cortá-la, o zagueiro perdeu o equilíbrio e falhou. Mané ficou no mano a mano com Rafinha pelo lado direito da área, girou o corpo e rolou para Firmino. O atacante brasileiro teve calma para cortar Rodrigo Caio e Diego Alves e chutou forte. A bola raspou no peito do pé esquerdo de Rodrigo Caio, Rafinha ainda tentou salvar de carrinho, mas não deu: o Liverpool fazia 1 X 0 e restavam pouco mais de vinte minutos para uma reação do Flamengo.

Firmino levou cartão amarelo por comemorar o gol sem camisa e Klopp aproveitou para trocar Keita por James Milner. Diego e Filipe Luís, em uma distração incrível, não foram em uma bola recuada por Vitinho. Firmino agradeceu o presente e arrancou até a entrada da área, onde passou para Mané. O senegalês teve o passe bloqueado, mas a sobra ficou com Salah. O tiro de pé esquerdo foi defendido por Diego Alves, que espalmou para o alto e viu a bola quicar perto da trave antes de sair para escanteio.

Vitinho puxou contra-ataque aos 11 minutos, fez a diagonal e só parou ao ser atingido por Van Dijk. Antes da cobrança de falta, Jesus fez mais uma alteração: Lincoln na vaga de Gerson. Vitinho tentou a cobrança direta, mas o chute saiu alto, longe do gol de Alisson. No finzinho da primeira etapa extra, Bruno Henrique escapava pela esquerda quando Milner matou o contra-ataque e levou cartão amarelo. Após dois minutos de acréscimos, o árbitro encerrou o primeiro tempo da prorrogação.

Sem intervalo, as equipes apenas trocaram de lado. Klopp sacou o decisivo Firmino para a entrada do belga Origi, que tinha feito gols importantes na campanha vitoriosa do Liverpool na Champions League.

A primeira chance no tempo final da prorrogação foi rubro-negra. O cronômetro marcava dois minutos quando Diego acionou Filipe Luís na ponta esquerda. O lateral levantou na área, Van Dijk rebateu de cabeça e a bola sobrou para Gabigol. O centroavante ajeitou no peito, chutou de canhota e mandou à direita de Alisson.

O sofrimento com final feliz em Lima inspirava a torcida rubro-negra a ter fé e cantar mais alto do que os ingleses. Diego levou cartão amarelo por falta em Milner e a agonia aumentava a menos de dez minutos do fim do tempo extra. Lançando-se mais ao ataque, o Flamengo permitia espaços para contra-ataques. Num deles, Rafinha parou Lallana com falta próxima à grande área. Depois de muita demora para a cobrança, Alexander-Arnold chutou para o meio do gol e Diego Alves rebateu para fora da área.

A um minuto do final, Vitinho tabelou com Lincoln e chegou à linha de fundo para cruzar pela direita. A bola rasteira foi rebatida por Van Dijk e caiu novamente nos pés de Vitinho. Dessa vez, o passe encontrou Lincoln livre na área. O jovem atacante de 19 anos escorou por cima do gol, na última chance clara de levar o jogo aos pênaltis. Inexplicavelmente, Jesus ainda colocou Orlando Berrío no lugar de Willian Arão a um minuto do final. Klopp também mexeu, com Shaqiri substituindo Salah, ovacionado pelos torcedores do Liverpool e pelo público local. No último lance do jogo, Bruno Henrique ainda teve fôlego para tentar uma bola cruzada na ponta esquerda, mas Gomez tirou. Abdulrahman Al-Jassim apitou o fim da partida. O Liverpool finalmente conquistava seu primeiro título mundial depois de três tentativas frustradas.

O sonho do bicampeonato havia sido adiado. Ficar feliz com uma derrota é impossível, mas ter orgulho da postura do Flamengo era sentimento comum entre jogadores, comissão técnica e, especialmente, torcida. O time foi aplaudido de pé por rubro-negros que cruzaram o mundo com a esperança de ver outra vez o clube ser o maior do planeta.

RODRIGO CAIO

O sentimento é de orgulho. De a gente entrar, impor o nosso futebol, mostrar que a gente pode jogar contra qualquer equipe. Fica aquele gostinho de que poderia ter sido diferente, mas eu não tenho dúvidas de que a gente vai ter uma segunda oportunidade. E nessa segunda oportunidade, a gente não vai falhar. Tenho certeza disso.

DIEGO ALVES

Depois da partida, alguns jogadores do Liverpool vieram falar com a gente sobre como foi nos enfrentar. Eu fiquei conversando com o Alisson muito tempo, e ele falou: "Vocês foram um dos únicos times que fizeram a gente sair da nossa comodidade, da nossa forma de jogar. Vocês tinham muito a bola, faziam muito a verticalidade. Isso fazia com que a gente tivesse que correr pra frente, pra trás. Foi muito difícil!".

A gente cansou muito pela exigência. Quase oitenta jogos no ano, o Liverpool com vinte e poucos. Sentimos logo no primeiro tempo da prorrogação, os jogadores com cãibra. Não é desculpa. O Liverpool foi melhor, conseguiu o título. Uma pena que a gente não conquistou o Mundial tão esperado.

A coragem de Jorge Jesus em manter a proposta de jogo e não se limitar apenas a contra-atacar rendeu merecidos elogios dos adversários. Na entrevista coletiva, o treinador Jürgen Klopp disse: "Eu não poderia respeitar mais o Flamengo. A temporada que eles fizeram foi excepcional. Os torcedores do Flamengo fizeram festa a semana inteira. Talvez não estejam festejando tanto agora, mas devem sentir orgulho do que o time deles fez". O homem que decidiu o jogo, Roberto Firmino, também valorizou o vice-campeão mundial. "O Flamengo se portou muito bem, jogou de igual para igual com a gente. Vem fazendo um belo trabalho com Jorge Jesus."

O português, em sua entrevista coletiva após a partida, resumiu o sentimento da Nação:

JORGE JESUS

Este foi um teste para o futebol brasileiro, um teste a uma equipe que não está na Europa. Foi demonstrado que com uma boa organização tática, com jogadores de qualidade, consegues fazer um grande time, como vocês dizem. E mais: hoje o Flamengo fez um jogo extraordinário. [...] A minha satisfação é exatamente esta. Demonstrar que as melhores equipes do Brasil podem ombrear e podem se pôr no nível dos melhores times da Europa. E isso foi demonstrado hoje aqui pelo Flamengo.

O trabalho de apenas seis meses (e dois títulos importantes) de Jorge Jesus tinha feito frente aos quatro anos que o treinador alemão teve para fazer do Liverpool uma máquina de jogar futebol. Evolução construída com talento e continuidade, já que Klopp não ergueu nenhum troféu em suas três primeiras temporadas.

Jorge Jesus só teve algo dessa tranquilidade graças aos resultados e ao bom futebol que extraiu da equipe:

JORGE JESUS

Disse a meus jogadores que senti um grande orgulho de ser treinador deles nesta final. Perdemos, mas não perdemos em nada para a equipe do Liverpool não sendo o resultado. Fomos tão bons quanto eles. Procuramos ser iguais a nós próprios. Fomos uma equipe em termos táticos muito mais atrevida. [...] O Flamengo podia ter feito uma época inesquecível. Mas não deixou de fazer uma época brilhante. Ganhou as competições mais difíceis que há e tinha o campeonato do mundo para ganhar contra a melhor equipe da Europa. Não ganhou, mas jogou para ganhar. Jogou tão bem quanto o Liverpool.

Sem notícias do jogo enquanto sobrevoava a China, Zico tirou um cochilo. O sinal de internet voltou pela manhã. Foi por meio de um site inglês que o Galinho descobriu que o Mengão não havia conseguido o bicampeonato. Nada que apagasse o fogo que a campanha de 2019 reacendeu em cada coração rubro-negro:

ZICO

A coisa fluiu de uma tal maneira que ficou marcada na história do Flamengo toda essa campanha brilhante que foi feita. Mereceu todos os elogios e todas as conquistas. O que nós vimos esse ano foi diferente. A torcida feliz, ia com prazer sabendo que veria um grande espetáculo, um time dando tudo pela vitória. Esse grupo entrou merecidamente para a história do Flamengo por tudo o que fez ao longo da temporada.

AMOR NÃO CORRESPONDIDO

★★★★★★★★★★★★★★★★★★★★★★★★★

A espera foi longa. Precisamente 13.883 dias separaram a ida ao Catar da exibição de gala do Flamengo contra o Liverpool na final do Mundial de 1981, em Tóquio. Aquele show de futebol deu à torcida rubro-negra a sensação de que o clube seria hegemônico nas temporadas seguintes. O domínio se confirmou no Brasil, onde o clube da Gávea venceu as duas edições seguintes do Campeonato Brasileiro, em 1982 e 1983. Na América do Sul, porém, não foi assim, nem na década de 1980, nem nas seguintes. As 13 participações do Flamengo na Copa Libertadores entre 1982 e 2018 terminaram em frustração e, em alguns casos, vexame.

Em 1982, o Flamengo disputou a semifinal da Libertadores num grupo com River Plate e Peñarol. Na última rodada, bastava ganhar do Peñarol no Rio de Janeiro para enfrentar o Cobreloa (de novo) na decisão. O Maracanã recebeu 90.995 pagantes em uma noite chuvosa de terça-feira, 16 de novembro. O domínio rubro-negro foi indiscutível, com 23 finalizações contra dez do Peñarol. Os uruguaios, que jogavam pelo empate, saíram na frente com um belo gol de falta do brasileiro Jair, ex-Internacional, aos 25 do primeiro tempo. Essa seria a única movimentação no placar do jogo. A vantagem somada ao goleiro Gustavo Fernández, que fez pelo menos quatro defesas difíceis, e à marcação implacável de Gutiérrez sobre Zico foram determinantes para levar o Peñarol à final daquele ano.

O carrasco do Flamengo na Libertadores do ano seguinte viria movido por um espírito de vingança. Os gremistas, traumatizados com a perda do Brasileirão de 1982 para o Flamengo em pleno estádio Olímpico (1 X 0, gol de Nunes), queriam a forra. O troco veio em dobro: eliminaram os rubro-negros na primeira fase em 1983 (os gaúchos foram os campeões daquela Libertadores com Tita entre seus destaques) e repetiram a dose em 1984, na fase semifinal (dessa vez, o Grêmio perdeu a chance do bi ao ser derrotado pelo Independiente de Avellaneda).

A década de 1990 só viu duas participações do Flamengo na Copa Libertadores. O centroavante Gaúcho, campeão brasileiro em 1992 pelo time da Gávea, foi o artilheiro da competição sul-americana em 1991. Dirigido por Vanderlei Luxemburgo, o Flamengo tinha jogadores como Júnior e Zinho, mas foi atropelado pelo Boca Juniors na Bombonera por 3 X 0 no jogo de volta das quartas de final. A vitória de 2 X 1 no Maracanã no jogo de ida não ajudou muito. E em 1993, na última chance de Júnior voltar a ganhar o título sul-americano, o São Paulo de Telê Santana (futuro bicampeão da Libertadores) ficou com a vaga no choque de quartas de final.

Nove anos se passaram até o Flamengo voltar a disputar a competição. E o retorno foi um desastre: o último lugar na fase de grupos em 2002, atrás de Olimpia, Universidad Católica e Once Caldas. Em 2007, a euforia pelo primeiro lugar na fase de grupos acabou nas oitavas com a eliminação diante do modesto Defensor, do Uruguai. Mas entre todas as quedas rubro-negras na Libertadores, talvez o motivo máximo de chacota tenha sido a de 2008.

A primeira fase, com boa campanha e liderança no Grupo 4 (à frente de Nacional de Montevidéu e dos peruanos Cienciano e Coronel Bolognesi), voltou a encher a Nação de esperanças. Nas oitavas, a vitória categórica de 4 X 2 sobre o América do México dentro do estádio Azteca deu ainda mais confiança à torcida e ao time, então comandado por Joel Santana. O jogo de volta no Maracanã era encarado como mera formalidade, e o caráter eliminatório foi esquecido diante da comoção pela partida do "Papai" Joel para a África do Sul, onde comandaria a seleção local na Copa de 2010. O oba-oba custou caro. Liderado pelo paraguaio Salvador Cabañas, autor de dois gols, o América meteu 3 X 0 e acabou com a festa de despedida do treinador.

A década seguinte começou com uma campanha um pouco melhor. O Corinthians vivia o ano do centenário em 2010 e perseguia a sua primeira Libertadores. Coube ao Flamengo de Adriano acabar com o sonho alvinegro nas oitavas, mas a alegria só durou até as quartas de final. A

Universidad de Chile, liderada em campo pelo argentino Walter Montillo, venceu a ida no Maracanã por 3 X 2 e se classificou pelo critério de gols fora de casa apesar da derrota em Santiago por 2 X 1.

O Flamengo não conseguiu chegar ao mata-mata da Libertadores nas seis temporadas seguintes. Em 2012, a classificação rubro-negra dependia de uma combinação de resultados. Além de vencer o Lanús, da Argentina, precisava que Olimpia e Emelec empatassem no outro jogo da chave. Com Ronaldinho Gaúcho encabeçando a missão, o time da Gávea fez 3 X 0 sobre os argentinos. Quando o jogo terminou no Rio de Janeiro, o Emelec vencia por 2 X 1. A partida entrava nos acréscimos quando o Olimpia marcou, aos 46 do segundo tempo, o gol de empate que garantiria ao Flamengo a vaga nas oitavas. A festa não foi longe, já que aos 48 minutos o Emelec fez o terceiro e enterrou as esperanças rubro-negras de classificação.

Cair na fase de grupos virou rotina e aconteceu nas duas participações seguintes. Em 2014, uma vitória simples na última rodada diante do León no Maracanã bastava para avançar na competição. O empate era do time mexicano, que se aproveitou da ansiedade e do nervosismo rubro-negros para vencer por 3 X 2 e seguir para as oitavas de final.

Três anos mais tarde o algoz veio da Argentina. O Flamengo só dependia de um empate contra o San Lorenzo para ficar com a vaga no mata-mata. Saiu na frente com Rodinei, mas levou o empate e sofreu a virada aos 47 do segundo tempo com Belluschi. A derrota, somada à vitória do Athletico Paranaense sobre a Universidad Católica do Chile, selou o fim frustrante de mais uma campanha. A Libertadores 2018 foi um pouco melhor. O time passou da fase de grupos, mas ficou fora depois de perder do Cruzeiro na ida, no Maracanã, de 2 X 0 e reagir tardiamente no Mineirão, onde venceu por 1 X 0.

As seguidas decepções não podiam ser atribuídas apenas ao que acontecia no gramado. Os noventa minutos de jogo são a última etapa de um processo que começa muito antes, nas decisões tomadas por quem faz a gestão do clube. Transformar o Flamengo em um clube internacionalmente competitivo passaria pelo extracampo. Como diz Ferran Soriano, ex-vice-presidente do Barcelona e atual CEO do Manchester City, "a bola não entra por acaso".

RECONSTRUÇÃO

Embora a coleção de fracassos na Libertadores continuasse na década de 2010, a partir de 2013 o Flamengo teve uma mudança significativa nos rumos de sua administração. O clube vinha sendo comandado pela ex-nadadora Patrícia Amorim, a primeira mulher a assumir a presidência na Gávea. No triênio 2010-12, Patrícia fez contratações de peso, como as de Ronaldinho Gaúcho e Thiago Neves, mas não conseguiu resultados expressivos no futebol e aumentou o endividamento rubro-negro para a casa dos 700 milhões de reais.

Na oposição, um grupo formado por empresários, executivos de estatais, multinacionais e outros profissionais do mundo corporativo decidiu apresentar uma nova possibilidade para os sócios do Flamengo. Com credenciais para pôr em prática a velha promessa de profissionalizar a gestão do clube nasceu a candidatura "Fla Campeão do Mundo", ou Chapa Azul. Apoiado por Zico, o grupo era integrado por nomes conhecidos no noticiário de economia, como Carlos Langoni (ex-presidente do Banco Central), David Zylbersztajn (ex-diretor da Agência Nacional do Petróleo, Gás Natural e Biocombustíveis – ANP), Flávio Godinho (sócio-diretor da EBX, de Eike Batista) e Luiz Eduardo Baptista da Rocha, o Bap (presidente da Sky).

Wallim Vasconcellos, ex-economista do BNDES (Banco Nacional de Desenvolvimento Econômico e Social), foi o nome escolhido pelo grupo para ser o candidato à presidência. O vice seria Rodolfo Landim, empresário da área de energia com longa trajetória na Petrobras. Os apoiadores da situação se articularam rapidamente para tentar impedir que a Chapa Azul entrasse na disputa e conseguiram impugnar as candidaturas de Wallim e Landim a menos de um mês da eleição. Ambos ainda não tinham completado cinco anos de vida associativa no clube, o que forçou o grupo a buscar novos nomes. O tempo de casa não seria problema para Eduardo Bandeira de Mello, sócio do Flamengo há 34 anos. Prestes a aproveitar a aposentadoria após fazer carreira como executivo do BNDES, Eduardo parecia o nome ideal para substituir Wallim de última hora e levar o grupo ao poder.

A eleição do dia 3 de dezembro de 2012 confirmou que os sócios do Flamengo queriam mudanças. Com 1.414 votos, a Chapa Azul derrotou Patrícia Amorim, votada por 914 eleitores. Bandeira, que havia caído de paraquedas no grupo de oposição 24 dias antes do pleito, dedicou a vitória a Wallim e a Zico. Passada a festa, a principal missão seria transformar a realidade financeira do clube. Atrasos salariais eram rotina e a imagem do Flamengo no mercado era de mau pagador. Uma auditoria realizada pela Ernst & Young a pedido do novo presidente do Flamengo trouxe o tamanho real do rombo: 750 milhões de reais.

O novo vice-presidente de finanças do clube, Rodrigo Tostes, apresentou os números à imprensa e disse que a dívida era pagável, mas não em curto prazo. Só de impostos atrasados, o clube devia 394 milhões de reais, e o primeiro passo dado foi renegociar esses valores. Acertado o parcelamento das dívidas com o governo, o Flamengo teve acesso às certidões negativas de débito (CNDs), o que abriu caminho para fechar patrocínios incentivados e de estatais como a Caixa, que chegou ao clube em maio de 2013.

A administração mais profissional restabeleceu a credibilidade do clube no mercado, e com a confiança veio mais dinheiro. As receitas saltaram de 190 milhões de reais em 2012 para 327 milhões de reais dois anos mais tarde. Com isso, o Flamengo voltou a dar lucro a partir de 2014, quando teve 64 milhões de reais em saldo positivo depois de um longo período deficitário. Entre 2012 e 2014 foram pagos 224 milhões de reais em dívidas e juros. Alguns anos de austeridade seriam necessários para fazer a travessia entre o Flamengo endividado e sem futuro para o clube idealizado na apresentação da Chapa Azul em 2012. O planejamento estratégico mirava alto: "Ser o maior vencedor das Américas e um dos cinco maiores do mundo".

***

A torcida rubro-negra comprou o barulho da diretoria e aceitou cruzar um período de seca de títulos para ver um Flamengo hegemônico mais adiante. Entre 2013 e 2018, nos dois mandatos de Eduardo Bandeira de Mello, o clube venceu uma inesperada Copa do Brasil em 2013, dois títulos cariocas (2014 e 2017) e só. Se o começo da gestão teve que se virar nos dois primeiros anos com reforços como Val, Bruninho, Diego Silva, Anderson Pico, Erazo e Feijão, já havia dinheiro para trazer grandes nomes no ano final do primeiro mandato de Bandeira.

O peruano Paolo Guerrero chegou em 2015 para marcar gols e ajudar nas urnas, já que era ano de eleição presidencial na Gávea. Campeão mundial com o Corinthians em 2012, o centroavante era a grande aposta rubro-negra para resolver em campo e desequilibrar também as eleições do clube. A vaidade havia rachado a Chapa Azul em duas. Eduardo Bandeira de Mello surgiu como candidato-tampão três anos antes, mas não quis ceder a Wallim Vasconcellos, agora elegível, a cabeça de chapa. Os dois se enfrentaram nas urnas e a reeleição foi conquistada com ampla vantagem: 1.632 votos contra 834 de Wallim. O segundo mandato tinha estabilidade financeira para reforçar ainda mais o elenco. Em 2016 veio Diego Ribas.

DIEGO

Eu fiquei 12 anos fora do país. Tinha o sonho, que foi aumentando, de jogar no Flamengo. Valeu muito a pena vir. A diretoria apresentou o planejamento, que era ter cada vez mais condições econômicas para competir e contratar jogadores de peso. Um projeto muito sério, que foi sempre sendo cumprido de ano a ano.

Para 2017, as principais novidades foram Diego Alves e Everton Ribeiro. A contratação de Vitinho no último ano da gestão Bandeira por 10 milhões de euros (44 milhões de reais em valores da época) foi a mais cara da história do clube e acabou sendo questionada por torcida e imprensa.

VITINHO

Era uma mistura de sentimentos. Gerou uma grande expectativa pelos números envolvidos. Cheguei logo depois que o clube vendeu o Vinícius Júnior e jogava na mesma posição que ele. Trouxe uma responsabilidade muito grande de que eu teria que chegar e fazer as coisas acontecerem.

As críticas iam além: nos momentos adversos, a cobrança interna sobre os jogadores era insuficiente. Faltava vivência no futebol ao presidente do Flamengo. O segundo mandato foi administrativamente bem-sucedido, mas no campo acabou marcado por finais perdidas: decisão da Copa do Brasil de 2017 para o Cruzeiro, a Copa Sul-Americana para o Independiente também em 2017 e o vice no Brasileirão 2018 para o Palmeiras.

A paciência com a falta de resultados parecia estar chegando ao fim. Uma nova eleição na Gávea estava marcada para o final de 2018. Bandeira não podia concorrer, já que o estatuto do Flamengo só permite uma reeleição. A situação apostou em Ricardo Lomba, que ocupava a função de vice-presidente de futebol. Na oposição, o nome escolhido foi o de um dos fundadores da Chapa Azul, Rodolfo Landim, ex-vice-presidente de planejamento no primeiro mandato de Eduardo Bandeira de Mello. A candidatura de Landim tinha o apoio de Wallim Vasconcellos, Luiz Eduardo Baptista da Rocha e outros integrantes da formação original da Chapa Azul. Outro nome importante para fortalecer a campanha era o de Marcos Braz, conselheiro que abriu mão da candidatura à presidência para ser o homem forte do futebol de Landim. Braz já tinha ocupado o cargo antes e ajudado o Flamengo a conquistar a Copa do Brasil em 2006 e o título brasileiro em 2009.

MARCOS BRAZ

> Eu ia disputar a eleição. Sabia que muito provavelmente iria perder, mas queria disputar porque achava que seria importante para mim num futuro próximo. Só que minha mulher teve um problema de saúde, ia ser operada e eu não tive condições de participar do processo eleitoral. Desisti. Eu tinha que escolher um lado. Fui conversar com o Landim. Acreditei no projeto dele, ele também acreditou em algumas posições minhas e eu fui para o lado dele.

As urnas refletiram o sentimento da arquibancada e a oposição levou a melhor com boa margem. Landim obteve 1.879 votos contra 1.097 de Ricardo Lomba. A reestruturação do clube estava concluída e nos trilhos. A venda de jogadores jovens e de grande potencial também trazia tranquilidade financeira e modificava o velho slogan, que agora poderia ser "Craque o Flamengo faz em casa... e vende caro!". Vinícius Júnior (45 milhões de euros, em 2017) e Lucas Paquetá (35 milhões de euros, em 2018) foram as duas maiores vendas na gestão Bandeira. Cofre cheio, casa arrumada: era hora de buscar peças novas para a sala de troféus.

★ 2012 ★

JOGADOR	POS	J	G	TIT	RES	CA	CV
Felipe	G	41	-44	41	0	2	0
Paulo Victor	G	29	-30	25	4	0	0
Marcelo Carné	G	1	0	0	1	0	0
Léo Moura	LD	42	4	42	0	6	1
Wellington Silva	LD	20	0	19	1	4	1
Rafael Galhardo	LD	7	0	6	1	3	0
João Felipe	LD	5	0	3	2	2	0
Digão	LD	1	0	0	1	0	0
Welinton	Z	38	1	36	2	6	0
Marcos González	Z	37	2	37	0	9	0
David Braz	Z	17	1	15	2	5	0
Marllon	Z	17	0	16	1	4	0
Renato Santos	Z	10	1	10	0	1	0
Frauches	Z	10	0	10	0	3	0
Gustavo Geladeira	Z	6	0	3	3	3	0
Thiago Medeiros	Z	3	0	2	1	1	0
Arthur Sanches	Z	4	0	2	2	0	0
Alex Silva	Z	2	0	2	0	0	0
Ramon	LE	25	1	25	0	8	1
Magal	LE	24	0	17	7	1	0
Júnior César	LE	22	0	22	0	2	0
Felipe Dias	LE	1	0	1	0	1	0
Luiz Antônio	V	49	5	43	6	6	2
Muralha	V	25	0	13	12	4	0
Aírton	V	21	1	21	0	5	0
Amaral	V	19	0	14	5	6	0
Willians	V	17	0	17	0	3	0
Camacho	V	11	1	4	7	0	0
Víctor Cáceres	V	10	0	10	0	3	0
Maldonado	V	9	0	5	4	1	0
Rômulo	V	3	0	1	2	0	0
João Vítor	V	2	0	1	1	0	0
Lorran	V	1	0	1	0	0	0
Bottinelli	MC	46	5	20	26	9	1
Renato Abreu	MC	38	7	33	5	5	1
Ibson	MC	34	1	31	3	4	1
Adryan	MC	25	3	8	17	3	0
Ronaldinho Gaúcho	MC	22	7	22	0	3	1

JOGADOR	POS	J	G	TIT	RES	CA	CV
Thomás	MC	18	0	12	6	4	0
Cléber Santana	MC	12	1	12	0	1	0
Mattheus	MC	12	0	3	9	1	0
Kléberson	MC	11	5	7	4	2	0
Wellington Bruno	MC	11	0	2	9	1	0
Vítor Hugo	MC	2	0	0	2	0	0
Jorge Luiz	MC	1	0	0	1	0	0
Vágner Love	A	52	24	52	0	6	0
Negueba	A	33	2	9	24	4	0
Deivid	A	28	6	21	7	2	0
Liédson	A	16	4	10	6	0	0
Hernane Brocador	A	14	3	7	7	1	0
Diego Maurício	A	14	0	7	7	2	0
Nixon	A	7	1	1	6	0	0
Lucas	A	5	0	2	3	0	0
Paulo Sérgio	A	4	0	0	4	0	1
Jael	A	3	2	2	1	0	0
Itamar	A	2	0	1	1	0	0
Yguinho	A	1	0	0	1	0	0
Fernandinho Conceição	A	1	0	0	1	0	0

TREINADORES	J	V	E	D
Vanderlei Luxemburgo	4	2	1	1
Júnior Lopes	2	1	1	0
Jayme de Almeida	2	0	2	0
Joel Santana	31	17	5	9
Dorival Júnior	27	8	11	8
TOTAL	66	28	20	18

*Gol contra: Thiago Medeiros (Madureira) – 1

★ 2013 ★

JOGADOR	POS	J	G	TIT	RES	CA	CV
Felipe	G	53	-47	53	0	1	1
Paulo Victor	G	16	-21	15	1	1	0
César	G	1	-1	1	0	0	0
Léo Moura	LD	51	3	51	0	6	0
Digão	LD	9	0	9	0	1	0
Wallace	Z	49	3	49	0	5	1
Marcos González	Z	38	0	35	3	3	0
Chicão	Z	20	2	18	2	4	0
Samir	Z	17	0	14	3	3	1
Renato Santos	Z	16	0	16	0	3	0
Alex Silva	Z	5	0	4	1	2	0
Frauches	Z	6	0	6	0	1	0
Welinton	Z	1	0	1	0	0	0
Fernando	Z	1	0	0	1	0	0

JOGADOR	POS	J	G	TIT	RES	CA	CV
João Paulo	LE	53	3	46	7	3	0
Ramon	LE	7	0	7	0	1	1
Felipe Dias	LE	2	0	1	1	0	0
Luiz Antônio	V	48	1	34	14	10	0
Amaral	V	31	1	31	0	4	0
Víctor Cáceres	V	28	1	25	3	10	0
Diego Silva	V	21	0	5	16	1	0
Recife	V	1	0	0	1	0	0
Elias	MC	56	10	56	0	13	0
Gabriel	MC	45	2	32	13	2	0
Carlos Eduardo	MC	42	1	33	9	4	1
André Santos	MC	28	3	28	0	6	1
Adryan	MC	22	0	5	17	3	0
Renato Abreu	MC	17	7	9	8	4	1
Val	MC	16	0	5	11	1	0
Ibson	MC	13	1	11	2	2	0
Rodolfo	MC	13	1	7	6	4	0
Cléber Santana	MC	11	3	2	9	0	0
Thomás	MC	3	0	0	3	1	0
Hernane Brocador	A	59	36	52	7	7	0
Paulinho	A	45	5	34	11	0	0
Rafinha	A	44	3	28	16	4	0
Nixon	A	31	4	16	15	1	0
Marcelo Moreno	A	21	5	15	6	1	0
Bruninho	A	13	0	3	10	1	0
Fernandinho Conceição	A	5	0	2	3	0	0
Igor Sartori	A	3	0	0	3	0	0
Lucas	A	1	0	0	1	0	0
Romário	A	1	0	0	1	0	0

TREINADORES	J	V	E	D
Dorival Júnior	10	7	1	2
Jorginho	14	7	4	3
Mano Menezes	22	9	6	7
Jayme de Almeida	23	11	7	5
TOTAL	69	34	18	17

*Gol contra: Roberto Dias (Campinense) – 1 / Gum (Fluminense) – 1

★ 2014 ★

JOGADOR	POS	J	G	TIT	RES	CA	CV
Paulo Victor	G	38	-38	38	0	1	0
Felipe	G	29	-42	29	0	3	0
César	G	1	0	1	0	0	1
Luan	G	1	-2	1	0	0	0
Daniel	G	1	-1	0	1	0	0
Léo Moura	LD	50	1	49	1	8	1

JOGADOR	POS	J	G	TIT	RES	CA	CV
Léo	LD	11	2	8	3	4	0
Digão	LD	5	0	5	0	1	0
Wallace	Z	50	1	50	0	8	0
Samir	Z	39	2	38	1	5	0
Chicão	Z	28	1	23	5	6	2
Marcelo	Z	20	1	19	1	5	1
Erazo	Z	7	0	5	2	2	1
Frauches	Z	5	0	4	1	1	0
Welinton	Z	3	2	3	0	1	0
Fernando	Z	2	0	1	1	0	0
Marcos González	Z	1	0	1	0	0	0
João Paulo	LE	44	1	36	8	3	0
André Santos	LE	21	1	21	0	9	0
Anderson Pico	LE	9	1	8	1	0	0
Jorge	LE	1	0	1	0	0	0
Márcio Araújo	V	47	3	44	3	3	0
Luiz Antônio	V	37	2	25	12	4	0
Víctor Cáceres	V	34	2	34	0	14	1
Amaral	V	30	0	23	7	7	1
Muralha	V	27	0	17	10	5	0
Recife	V	10	0	7	3	0	0
Feijão	V	6	0	3	3	2	0
Léo Henrique	V	1	0	1	0	0	0
Éverton	MC	49	10	47	2	12	0
Gabriel	MC	47	9	24	23	4	0
Lucas Mugni	MC	39	5	20	19	3	0
Héctor Canteros	MC	30	2	28	2	8	0
Elano	MC	15	3	14	1	3	0
Carlos Eduardo	MC	7	0	4	3	0	0
Mattheus	MC	8	0	2	6	0	0
Rodolfo	MC	5	0	3	2	0	0
Val	MC	2	0	2	0	0	0
Cafu	MC	1	0	0	1	0	0
Alecsandro	A	46	21	36	10	8	0
Paulinho	A	30	6	25	5	1	0
Nixon	A	29	9	15	14	0	0
Eduardo da Silva	A	24	9	14	10	0	0
Negueba	A	23	2	7	16	3	0
Hernane Brocador	A	14	6	14	0	0	0
Élton	A	13	2	4	9	1	0
Arthur	A	12	0	4	8	0	0
Igor Sartori	A	8	0	1	7	0	0
Bruninho	A	1	0	0	1	0	0
Douglas Baggio	A	1	0	0	1	0	0
Darlan	A	1	0	0	1	0	0
TREINADORES	**J**	**V**	**E**	**D**			
Jayme de Almeida	29	17	6	6			

TREINADORES	J	V	E	D
Ney Franco	7	0	3	4
Vanderlei Luxemburgo	33	17	6	10
TOTAL	69	34	15	20

★ 2015 ★

JOGADOR	POS	J	G	TIT	RES	CA	CV
Paulo Victor	G	50	-46	50	0	3	0
César	G	22	-21	18	4	1	0
Pará	LD	59	3	53	6	11	1
Ayrton	LD	14	1	9	5	1	0
Léo Moura	LD	8	0	7	1	0	0
Wallace	Z	54	2	53	1	15	1
Samir	Z	34	2	31	3	3	0
César Martins	Z	22	0	20	2	3	0
Marcelo	Z	21	0	15	6	4	0
Bressan	Z	20	1	15	5	5	0
Frauches	Z	6	0	3	3	2	0
Jorge	LE	27	1	25	2	10	1
Anderson Pico	LE	23	1	23	0	3	1
Thallysson	LE	9	0	4	5	1	0
Pablo Armero	LE	6	0	6	0	2	0
Márcio Araújo	V	62	0	53	9	10	0
Jonas	V	35	1	27	8	12	2
Luiz Antônio	V	32	2	10	22	3	0
Víctor Cáceres	V	18	0	13	5	4	0
Ronaldo	V	1	0	0	1	0	0
Héctor Canteros	MC	58	3	53	5	15	1
Éverton	MC	52	7	48	4	12	1
Gabriel	MC	44	5	32	12	1	1
Alan Patrick	MC	29	7	23	6	5	0
Almir	MC	25	7	18	7	0	0
Arthur Maia	MC	22	2	11	11	3	0
Lucas Mugni	MC	12	0	3	9	1	0
Ederson	MC	11	3	4	7	0	0
Jajá	MC	8	0	3	5	0	0
Marcelo Cirino	A	48	11	35	13	6	0
Paulinho	A	33	5	12	21	7	1
Alecsandro	A	27	11	17	10	3	0
Emerson Sheik	A	25	5	25	0	9	0
Eduardo da Silva	A	25	5	11	14	4	0
Paolo Guerrero	A	18	4	17	1	7	1
Kayke	A	17	6	11	6	2	0
Matheus Sávio	A	8	3	0	8	2	0
Nixon	A	8	0	6	2	0	0
Thiago Santos	A	2	0	0	2	0	0
Douglas Baggio	A	2	0	0	2	0	0

TREINADORES	J	V	E	D
Vanderlei Luxemburgo	26	17	5	4
Deivid	2	1	1	0
Jayme de Almeida	3	0	1	2
Cristóvão Borges	18	8	1	9
Oswaldo de Oliveira	19	9	3	7
TOTAL	68	35	11	22

★ 2016 ★

JOGADOR	POS	J	G	TIT	RES	CA	CV
Alex Muralha	G	38	-39	38	0	3	0
Paulo Victor	G	30	-26	30	0	0	0
Rodinei	LD	38	1	38	0	6	0
Pará	LD	34	0	30	4	3	0
Juan	Z	34	0	33	1	7	0
Rafael Vaz	Z	32	0	31	1	5	0
Réver	Z	30	2	30	0	2	0
Wallace	Z	23	1	23	0	5	1
César Martins	Z	11	0	9	3	3	1
Léo Duarte	Z	9	0	9	0	2	0
Alejandro Donatti	Z	3	0	2	1	0	0
Rafael Dumas	Z	1	0	0	1	0	0
Antônio Carlos	Z	1	0	0	1	0	0
Jorge	LE	57	4	57	0	8	0
Chiquinho	LE	18	0	12	6	2	0
Willian Arão	V	64	8	61	3	5	0
Márcio Araújo	V	53	0	52	1	3	1
Gustavo Cuéllar	V	33	0	21	12	5	1
Jonas	V	2	0	0	2	0	0
Ronaldo	V	2	0	0	2	1	0
Alan Patrick	MC	48	8	26	22	3	1
Gabriel	MC	45	4	27	18	1	0
Éverton	MC	43	5	35	8	7	1
Federico Mancuello	MC	38	5	23	15	3	1
Ederson	MC	21	1	12	9	3	0
Diego	MC	18	6	18	0	3	0
Héctor Canteros	MC	7	0	2	5	1	0
Adryan	MC	4	0	0	4	0	0
Jajá	MC	2	0	0	2	0	0
Lucas Paquetá	MC	2	0	0	2	1	0
Marcelo Cirino	A	51	13	32	19	3	0
Paolo Guerrero	A	45	18	45	0	12	0
Fernandinho	A	32	4	14	18	2	1
Emerson Sheik	A	30	6	16	14	4	0
Felipe Vizeu	A	26	8	14	12	0	0
Leandro Damião	A	16	2	8	8	3	0

JOGADOR	POS	J	G	TIT	RES	CA	CV
Thiago Santos	A	6	1	1	5	0	0
Douglas Baggio	A	1	0	0	1	0	0

TREINADORES	J	V	E	D
Muricy Ramalho	26	13	6	7
Jayme de Almeida	3	0	1	2
Zé Ricardo	39	21	10	8
TOTAL	68	34	17	17

*Gol contra: Salazar (Ceará) – 1 / Felipe Azevedo (Ponte Preta) – 1 / Rodrigo Caio (São Paulo) – 1 / William Matheus (Fluminense) – 1

★ 2017 ★

JOGADOR	POS	J	G	TIT	RES	CA	CV
Alex Muralha	G	39	-31	38	1	2	1
Diego Alves	G	24	-25	24	0	2	0
Thiago	G	19	-15	18	1	0	0
César	G	4	-4	4	0	0	0
Pará	LD	65	1	62	3	13	1
Rodinei	LD	41	5	27	14	5	1
Klebinho	LD	1	0	1	0	0	0
Réver	Z	60	7	60	0	5	0
Rafael Vaz	Z	48	2	45	3	3	0
Juan	Z	36	3	32	4	7	0
Rhodolfo	Z	23	0	21	2	4	0
Alejandro Donatti	Z	8	0	8	0	2	0
Léo Duarte	Z	6	0	3	3	0	0
Thuler	Z	1	0	0	1	0	0
Rafael Santos	Z	1	0	0	1	0	0
Miguel Trauco	LE	54	4	52	2	10	1
Renê	LE	34	1	28	6	3	0
Jorge	LE	1	0	1	0	0	0
Willian Arão	V	68	9	63	5	5	0
Márcio Araújo	V	56	0	49	7	9	0
Gustavo Cuéllar	V	52	2	42	10	5	0
Rômulo	V	25	1	16	9	2	0
Ronaldo	V	6	0	2	4	1	0
Everton	MC	57	10	55	2	15	1
Diego	MC	54	18	51	3	11	0
Everton Ribeiro	MC	40	7	35	5	5	0
Lucas Paquetá	MC	37	6	18	19	6	0
Federico Mancuello	MC	31	5	20	11	6	0
Gabriel	MC	31	2	15	16	3	0
Ederson	MC	7	0	4	3	0	0
Adryan	MC	5	0	3	2	0	0
Darío Conca	MC	3	0	0	3	1	0
Orlando Berrío	A	46	6	24	22	5	1

JOGADOR	POS	J	G	TIT	RES	CA	CV
Paolo Guerrero	A	45	20	44	1	12	0
Vinícius Júnior	A	37	4	6	31	4	0
Felipe Vizeu	A	38	9	20	18	2	0
Leandro Damião	A	24	9	12	12	0	0
Matheus Sávio	A	18	3	9	9	1	0
Geuvânio	A	18	1	10	8	2	0
Cafu	A	5	0	2	3	0	0
Marcelo Cirino	A	5	0	0	5	0	0
Lincoln	A	4	0	0	4	1	0

TREINADORES	J	V	E	D
Zé Ricardo	51	27	15	9
Jayme de Almeida	2	1	0	1
Reinaldo Rueda	31	13	10	8
TOTAL	84	41	25	18

*Gol contra: Aislan (Macaé) – 1

★ 2018 ★

JOGADOR	POS	J	G	TIT	RES	CA	CV
Diego Alves	G	44	-32	44	0	4	0
César	G	19	-15	19	0	1	0
Gabriel Batista	G	3	0	3	0	0	0
Júlio César	G	3	0	2	1	0	0
Rodinei	LD	51	2	43	8	4	0
Pará	LD	31	0	24	7	4	0
Klebinho	LD	4	0	2	2	0	0
Léo Duarte	Z	50	2	47	3	7	1
Réver	Z	45	2	45	0	4	0
Rhodolfo	Z	23	3	19	4	2	1
Juan	Z	15	0	15	0	1	0
Thuler	Z	13	1	10	3	1	0
Patrick	Z	2	0	1	1	0	0
Dantas	Z	1	0	0	1	0	0
Renê	LE	59	2	58	1	10	0
Miguel Trauco	LE	11	0	7	4	0	0
Ramon	LE	2	0	1	1	0	0
Gustavo Cuéllar	V	52	0	46	6	10	4
Willian Arão	V	33	2	19	14	6	1
Jonas	V	24	0	14	10	6	1
Jean Lucas	V	24	0	9	15	3	0
Rômulo	V	13	0	6	7	1	0
Piris da Motta	V	11	0	6	5	3	0
Ronaldo	V	4	0	4	0	1	0
Hugo Moura	V	1	0	0	1	0	0
Everton Ribeiro	MC	58	10	57	1	6	1

JOGADOR	POS	J	G	TIT	RES	CA	CV
Lucas Paquetá	MC	57	12	56	1	16	1
Diego	MC	47	10	43	4	16	1
Éverton	MC	12	3	12	0	3	0
Pepê	MC	3	1	1	2	1	0
Jajá	MC	2	0	0	2	0	0
Henrique Dourado	A	41	13	35	6	11	0
Marlos Moreno	A	36	1	10	25	4	0
Vinícius Júnior	A	33	10	24	9	5	1
Vitinho	A	28	3	22	6	2	0
Fernando Uribe	A	23	6	19	4	1	0
Geuvânio	A	23	2	6	17	2	0
Lincoln	A	21	2	5	16	1	0
Felipe Vizeu	A	11	3	4	7	2	0
Orlando Berrío	A	9	0	0	9	0	0
Paolo Guerrero	A	7	1	4	3	0	0
Matheus Sávio	A	5	1	3	2	0	0
Lucas Silva	A	2	1	2	0	0	0
Wendel	A	2	0	1	1	0	0
Vítor Gabriel	A	2	0	0	2	0	0

TREINADORES	J	V	E	D
Paulo César Carpegiani	17	11	3	3
Maurício Barbieri	39	19	12	8
Dorival Júnior	12	7	3	2
TOTAL	68	37	18	13

*Gol contra: Kadu Fernandes (Boavista) – 1 / Bruno Henrique (Santos) – 1 / Luiz Gustavo (Vasco) – 1 / Henrique (Corinthians) – 1

★ 2019 ★

JOGADOR	POS	J	G	TIT	RES	CA	CV
Diego Alves	G	63	-55	63	0	3	0
César	G	13	-10	12	1	1	1
Gabriel Batista	G	2	-1	1	1	0	0
Rafinha	LD	30	0	28	2	10	0
Rodinei	LD	29	0	20	9	7	0
Pará	LD	28	0	27	1	7	1
João Lucas	LD	6	0	2	4	1	0
Klebinho	LD	2	0	0	2	0	0
Rodrigo Caio	Z	62	5	60	2	8	0
Pablo Marí	Z	30	3	30	0	6	0
Léo Duarte	Z	29	0	29	0	4	0
Thuler	Z	17	0	14	3	4	0
Rhodolfo	Z	16	1	15	1	0	0
Dantas	Z	3	0	2	1	0	0
Juan	Z	2	0	0	2	0	0
Rafael Santos	Z	1	0	0	1	1	0

JOGADOR	POS	J	G	TIT	RES	CA	CV
Renê	LE	52	1	43	9	4	0
Filipe Luís	LE	23	0	22	1	2	0
Miguel Trauco	LE	14	0	11	3	5	0
Willian Arão	V	66	5	63	3	10	0
Piris da Motta	V	42	0	19	23	7	0
Gustavo Cuéllar	V	34	0	30	4	7	0
Ronaldo	V	15	0	9	6	4	0
Hugo Moura	V	6	0	5	1	2	0
Jean Lucas	V	4	1	3	1	3	0
Vinícius Souza	V	4	0	0	4	1	0
Everton Ribeiro	MC	64	6	55	9	8	0
Arrascaeta	MC	52	18	45	7	0	0
Diego	MC	45	5	28	17	12	0
Gerson	MC	36	2	31	5	3	0
Bruno Henrique	A	62	35	55	7	19	2
Gabriel Barbosa	A	59	43	56	3	21	3
Vitinho	A	54	9	21	33	7	0
Orlando Berrío	A	25	1	4	21	3	1
Lincoln	A	17	3	5	12	1	0
Fernando Uribe	A	16	4	8	8	0	0
Lucas Silva	A	15	0	5	10	0	0
Reinier	A	15	6	8	7	0	0
Vitor Gabriel	A	8	0	3	5	0	0
Henrique Dourado	A	5	2	3	2	0	0
Thiago Santos	A	4	0	1	3	1	0
Bill	A	2	0	0	2	0	0
Treinadores		J	V	E	D		
Abel Braga		30	19	7	4		
Leomir de Souza		2	0	1	1		
Marcelo Salles		4	3	1	0		
Jorge Jesus		40	28	8	4		
TOTAL		76	50	17	9		

*Gol contra: Gutiérrez (San José) – 1 / Danilo Barcelos (Vasco) – 1 / Al-Bulayhi (Al-Hilal) – 1

BOLSA DE
VALORES

★★★★★★★★★★★★★

Três dias depois da eleição, Landim anunciava o nome do comandante escolhido para recolocar o Flamengo no caminho das conquistas. O eleito era Abel Braga, 66 anos, campeão mundial e da Libertadores com o Internacional em 2006. Mas Abel não encabeçava a lista de opções para o cargo. O primeiro profissional procurado foi Renato Gaúcho, que vivia uma sequência de grandes resultados com o Grêmio e que jogava um futebol ofensivo e atraente.

MARCOS BRAZ

> O Renato era o treinador do momento. Na minha avaliação, ele daria maior segurança para a nossa diretoria, porque vinha com vários títulos. Não foi possível. A gente tinha uma ou duas alternativas, fomos para o lado do Abel.

Seria a segunda passagem de Abel Braga pelo clube da Gávea. Na primeira, em 2004, foi campeão carioca em cima do Vasco, mas ficou marcado pelo vexame na final da Copa do Brasil. O Flamengo perdeu de 2 X 0 do Santo André em pleno Maracanã, numa das maiores zebras da história da competição. Abel chegava ao Flamengo um ano e meio depois de uma tragédia pessoal: a morte do filho João Pedro, de 19 anos. Em sua apresentação, o técnico se disse com "fome", buscando dar ao Flamengo o algo a mais que vinha faltando na hora de decidir.

O primeiro caso a ser resolvido por Abel e pelo novo homem forte do futebol, Marcos Braz, envolvia Diego Alves. O goleiro passou os últimos meses de 2018 treinando separado do grupo e sua permanência no clube era incerta. Em outubro, Diego ficou fora de três partidas por conta de uma lesão muscular na coxa esquerda e esperava reassumir a posição de titular no jogo seguinte, contra o Paraná Clube, em Curitiba. Quando foi avisado pelo então treinador Dorival Júnior de que César começaria jogando, Diego Alves pediu para não viajar e o caso foi levado à diretoria. Com a mudança na presidência do clube e no comando do futebol em 2019, a situação foi reavaliada.

DIEGO ALVES

Foi uma situação que eu nunca tinha passado na minha vida. Chegar a ser afastado, treinar separado do time. Aprendi muito. Sofri bastante, porque se não fosse contornado da maneira correta, poderia ser uma mancha que dificilmente se apagaria. Sabia que poderia contornar isso dentro de campo. Abel e Marcos Braz foram duas pessoas que apostaram em mim. Sabiam da minha conduta, confiavam no meu trabalho e em tudo que eu tinha feito.

MARCOS BRAZ

Tinha aquele desconforto enorme. Eu tomei bastante porrada da imprensa no começo porque tinha uma conversa fiada que isso não era o que o grupo queria. Eu tinha pessoas de muita confiança em relação a treinamento de goleiros. Procurei saber o que achavam e não tive dúvida. Foi uma decisão minha junto com o Abel. Tivemos uma conversa franca, o Abel foi muito habilidoso nesse trato e o Diego cumpriu tudo o que combinou conosco.

A nova diretoria do Flamengo adotou uma postura agressiva com relação às contratações para a temporada 2019. O primeiro reforço anunciado foi o zagueiro Rodrigo Caio, de 25 anos. Criado no São Paulo, Rodrigo ajudou o Brasil a conquistar em 2016 a inédita medalha de ouro no futebol nos Jogos Olímpicos do Rio de Janeiro. Ligado constantemente a possíveis transações com grandes times europeus, Rodrigo Caio já havia sido convocado para a Seleção Brasileira principal em 2016 e 2017, quando vivia seus melhores momentos no São Paulo. A falta de resultados no Tricolor facilitou a saída do zagueiro, que teve 45% dos seus direitos econômicos comprados pelo Flamengo. A decisão de pagar 5 milhões de euros por menos da metade dos direitos econômicos de Rodrigo Caio dividiu opiniões.

RODRIGO CAIO

> Se eu disser que dois, três anos atrás eu imaginaria sair do São Paulo para jogar em outro clube do Brasil eu estaria mentindo. Acendeu algo dentro de mim, uma vontade de buscar coisas novas, aprender coisas que não tinha aprendido no São Paulo. Entrei em 2019 com o objetivo de mostrar a mim mesmo que era um jogador de alto nível, que poderia vestir a camisa do Flamengo e vencer todas as competições que a gente ia disputar.

Outro integrante da Seleção de Ouro em 2016 também estava na mira para reforçar o ataque. Gabriel Barbosa, o Gabigol, vinha de uma temporada brilhante pelo Santos: 27 gols em 53 partidas, incluindo os 18 que lhe valeram a artilharia do Brasileirão 2018. O Flamengo procurava um homem-gol, mas Gabriel era visto com desconfiança depois de passagens frustradas por Internazionale de Milão e Benfica. Chegou à Europa com apenas vinte anos, mas teve muita dificuldade de adaptação por não ter sido paparicado lá como estava acostumado desde a base do Santos. Será que o sucesso de Gabriel em 2018 teria sido apenas pela volta à velha casa? Ou ele estaria pronto para ser o camisa 9 que o Flamengo precisava?

MARCOS BRAZ

> Só a possibilidade de vinda do Gabriel já estava dando problema. Falavam que ele não era de grupo, que ele era problemático e que era caro. Aí eu falei: "Se tem uma tara, um tesão na minha vida, é trabalhar com jogador problemático. Vocês podem me ensinar de tudo no futebol. Só não venham me ensinar a tratar de jogador problemático. Essa eu vou ensinar a vocês".
>
> O Abel não queria. Também não vetou, para ser honesto. Dizia que as informações sobre o jogador não eram boas. Convenci quem tinha que convencer, peguei o apoio de quem tinha que apoiar. Eu banquei, contra muitos! Pedi para que confiassem em mim, e a contratação dele foi uma das minhas colaborações mais importantes na temporada.

A Internazionale aceitou emprestá-lo ao clube da Gávea "apenas" pelos salários, que custariam 3,5 milhões de euros em um ano, algo em torno de

1,25 milhão de reais mensais. Uma aposta alta que a diretoria rubro-negra topou bancar, anunciando o novo centroavante em 11 de janeiro. Em entrevista concedida ao documentário *Sem filtro*, do DAZN, Gabigol afirmou: "Sempre foi um sonho jogar no Flamengo, desde criança. Obviamente eu não esperava que seria tão rápido assim, tenho 23 anos ainda. Já pude realizar esse sonho".

No dia seguinte, outro jogador de ponta era confirmado na lista de novidades para a temporada. O uruguaio Giorgian de Arrascaeta, de 24 anos, se tornava a mais cara contratação da história do clube. Para ter o meia, reserva da Seleção Celeste na Copa de 2018, foram investidos 15 milhões de euros (67 milhões de reais em valores da época). Um craque que o futebol quase perdeu para o turfe.

ARRASCAETA

A minha família por parte de pai é de jóqueis. Sempre estive entre os cavalos e o futebol. Cheguei a treinar com o meu pai, bem novinho. Andei muito a cavalo com ele, caí muitas vezes (risos)! O futebol sempre falou mais forte, mas tenho um carinho muito grande pelos animais. Sempre estive com meu pai e os cavalos durante a minha infância. O meu nome, Giorgian, era o nome de um cavalo que tinha lá onde meu pai morava, então ele acabou colocando esse nome em mim (risos).

Arrascaeta tinha sido um dos carrascos do Flamengo na final da Copa do Brasil em 2017 e ao forçar sua saída do Cruzeiro acabou gerando um conflito entre os clubes carioca e mineiro. O vice-presidente de futebol do Cruzeiro, Itair Machado, acusou o Flamengo de aliciar o uruguaio, que não se reapresentou depois que a proposta rubro-negra (salários três vezes maiores do que o que recebia no time mineiro) tinha sido negada. A pedido de Abel Braga, o Flamengo vinha tentando outro jogador cruzeirense, o zagueiro Dedé. A maneira como aconteceu a vinda de Arrascaeta, contratação não solicitada pelo treinador, azedou as relações entre os clubes e criou o primeiro ruído entre Abel e a nova diretoria do Flamengo.

ARRASCAETA

> O clube falou com meu agente, com Daniel (Fonseca, ex-atacante da Seleção Uruguaia). Eu sempre tento ficar de fora das tratativas, então não saberia exatamente quem pediu minha ida ao Flamengo. Eu achava que já era o momento de sair do Cruzeiro. Tinha vencido duas copas importantes e surgiu a oportunidade de vir para o Flamengo. Na hora que tem negociações, sempre vai ter problemas. Certamente não era a forma que eu queria sair de lá, mas estou muito contente e feliz de ter chegado aqui no Flamengo.

Quem pensava que a lista de novidades tinha terminado viu mais um atleta ser anunciado pelo Flamengo no dia 23 de janeiro. Era a vez de Bruno Henrique, atacante de lado que chegou do Santos para atender a um pedido de Abel Braga por mais opções no setor. Aos 28 anos, Bruno não teve a formação típica dos jogadores de maior destaque, tendo jogado na várzea até os 21. Descoberto em campeonatos amadores, passou por Uberlândia e Itumbiara antes de ser contratado pelo Goiás já com 24 anos. Fez sete gols no Brasileirão e acabou no Wolfsburg, da Alemanha. Em quatro anos, já estava jogando a Champions League e enfrentando o Real Madrid com a mesma desenvoltura que mostrava na várzea. Voltou da Europa e fez uma excelente temporada no Santos, em 2017, marcando 18 gols. No ano seguinte, sofreu uma grave lesão na retina e viu a carreira ameaçada. Mesmo assim, o clube da Gávea investiu 23 milhões de reais para tê-lo em 2019.

BRUNO HENRIQUE

> Houve um momento em que eu cheguei a duvidar que voltaria a jogar em alto nível novamente devido à gravidade da lesão. Tudo foi muito difícil. Tanto tempo parado com insegurança e incertezas, mas tive muito apoio da minha família e amigos para dar a volta por cima e me recuperar totalmente.
>
> Do nada, recebi uma chamada de vídeo do Gabriel. Ele começou a me mostrar o CT do Flamengo. "Olha aqui que estrutura!" Chamava os roupeiros, o pessoal que estava treinando com ele pra poder falar comigo. "Vem pra cá! Vem pro Flamengo, você vai ser feliz!"

CINZAS

★★★★★★★★★★★★★

Enquanto formava um elenco fortíssimo para as disputas da temporada (Carioca, Brasileirão, Copa do Brasil e Libertadores), o Flamengo foi abalado pela maior tragédia de seus 123 anos de história. Na madrugada de 8 de fevereiro, uma sexta-feira, dez meninos entre 14 e 16 anos perderam suas vidas em um incêndio no alojamento do Ninho do Urubu, centro de treinamento do clube em Vargem Grande, no Rio de Janeiro. Arthur Vinícius de Barros Silva Freitas, Athila Paixão, Bernardo Pisetta, Christian Esmério, Gedson Santos, Jorge Eduardo Santos, Pablo Henrique da Silva Matos, Rykelmo de Souza Vianna, Samuel Thomas Rosa e Vitor Isaías dormiam nos seis contêineres interligados que serviam como dormitórios das categorias de base quando um curto-circuito num aparelho de ar-condicionado iniciou o fogo. Outros três meninos que também dormiam no local ficaram feridos: Cauan Emanuel Gomes Nunes, Francisco Dyogo Bento Alves e Jhonata Cruz Ventura, que sofreu queimaduras em 30% do corpo e ficou em estado grave. Treze garotos conseguiram escapar sem ferimentos.

Eram 4:17 horas quando Arthur Vinícius escreveu o que seria o último tweet de sua vida: "FuiZzz". Uma hora depois, o alojamento ardia em chamas. Arthur era zagueiro e vinha de Volta Redonda. O nome dele era uma homenagem a Zico, ídolo de Marília, sua mãe. Fã do Galinho de Quintino, ela sonhava ver Arthur virar o Galinho de Volta Grande, referência ao bairro em que moravam. Aos cinco anos, o menino presenciou o assassinato do pai, morto a tiros. Nunca falou sobre o caso. O futebol lhe deu a sua maior alegria, uma convocação para a Seleção Brasileira sub-15. No dia em que faleceu, viveria a emoção de treinar no Maracanã com seus companheiros de Flamengo, clube em que estava desde 2017. Foi enterrado no dia em que completaria 15 anos.

O menino Athila vivia no Povoado Brasília, bairro a 17 quilômetros do centro da cidade de Lagarto, interior de Sergipe. Era um dos principais talentos da escolinha Geração Futuro, que foi convidada em janeiro de 2018 para ir ao Rio de Janeiro disputar a Copa Zico, tradicional competição de categorias de base. Athila era atacante e queria repetir o sucesso do conterrâneo Diego Costa, que saiu de Lagarto para se destacar em grandes times da Europa e na Seleção Espanhola. O menino marcou três gols na Copa Zico e foi recrutado para um mês de testes no Flamengo, no qual foi aprovado. Lagarto parou para se despedir de Athila, que passou a dar nome à quadra poliesportiva do Povoado Brasília, onde também foi homenageado com uma estátua em tamanho real.

Quando Bernardo foi convidado para defender o Flamengo, a família Pisetta, toda rubro-negra, explodiu de orgulho em Indaial, Santa Catarina. Beno, como era chamado pelos amigos, trocou o Athletico Paranaense pelo Ninho do Urubu em agosto de 2018. O jovem goleiro havia se destacado em 2017, quando foi campeão paranaense e melhor jogador de sua posição. Murilo, irmão de Beno, definiu assim o goleiro: "Era gigante no tamanho, no caráter, na humildade e vai fazer muita falta. Ele era e sempre vai ser o tesouro da nossa família". Quando soube que iria para o Flamengo, o menino de 14 anos postou em seu Instagram: "Só tenho a agradecer a minha família que está sempre comigo, me motivando, incentivando e apoiando. Agora a distância será maior, mas estarão sempre em meus pensamentos e no meu coração!!!".

Christian Esmério também era goleiro e contava os dias para 5 de março, data em que completaria 16 anos e poderia assinar seu primeiro contrato como jogador profissional. No mês anterior à tragédia, Christian estava na Granja Comary treinando com a Seleção Brasileira sub-15. O adolescente despontava como um dos goleiros mais promissores da base do Flamengo e colecionava pênaltis defendidos. Na Copa Nike de 2018, defendeu duas cobranças na final contra o São Paulo e foi decisivo para o título do Flamengo. Difícil imaginar que Christian fugia dos treinos do sub-9 do Madureira por não querer jogar no gol. Em sua última publicação no Twitter, postou uma montagem com duas fotos ao lado do pai. A primeira era de 2009 e mostrava os dois com o troféu que o menino recebeu em uma competição de base. A segunda, tirada dez anos depois, tinha os mesmos personagens. A diferença era que agora Christian vestia a camisa da Seleção Brasileira. "Todo sacrifício será recompensado" era a legenda da foto.

Gedinho chegou ao Rio de Janeiro uma semana antes de morrer e se mudou para o Ninho do Urubu apenas dois dias anteriores ao incêndio. Nascido em Itararé, interior de São Paulo, era franzino, rápido e protegia bem a bola. Era inteligente e bom aluno. Antes de chegar ao Flamengo, tinha se destacado em Curitiba, onde jogou no Trieste Futebol Clube e, mais tarde, no Athletico Paranaense. Se espelhava no atacante Marcos Guilherme, itarareense como ele. Filho de uma família muito religiosa, Gedinho gostava de escutar louvores e um de seus favoritos era *Raridade*, de Anderson Freire. "O ouro eu consigo só admirar, mas te olhando eu posso a Deus adorar. Sua alma é um bem que nunca envelhecerá."

Jorge Eduardo saiu do Democrata, de Além Paraíba, Minas Gerais, para ser o capitão do time sub-15 do Flamengo. O volante gostava de dançar, soltar pipa e era maduro para a idade que tinha. Assim como Christian Esmério, vivia a expectativa de assinar seu primeiro contrato como profissional, já que faria 16 anos seis dias depois do fatídico 8 de fevereiro. Estava no Flamengo desde 2016, onde chegou com apenas 12 anos. Pensou em desistir da carreira quando perdeu o avô, mas recebeu o apoio da família para seguir em frente. Tinha personalidade, como indica a legenda de uma de suas fotos no Instagram: "Marra é o que você tem, eu tenho postura". Alba, mãe do jovem rubro-negro, resume: "Quem conheceu o Jorge, ganhou na loteria".

Em Oliveira, centro-oeste de Minas Gerais, Té era a sensação das categorias de base do Social FC, o clube da cidade. Aos 11 anos, era muito mais alto que os meninos da idade dele e já atuava no time sub-14. Té era o apelido do zagueiro Pablo Henrique, que tinha muito futebol para ficar escondido no pequeno município de 41 mil habitantes. Seu espelho era o primo, o também zagueiro Werley, do Vasco. Quando veio o convite do Flamengo em agosto de 2018, Pablo Henrique foi hospedado por Werley em sua chegada ao Rio de Janeiro. No campo, transbordava liderança. Do lado de fora, era dono de um sorriso largo e o seu maior desejo era dar aos pais um futuro melhor.

Enfrentar o Real Madrid numa final em Dubai era uma experiência que Bolívia já tinha vivido – e vencido nos pênaltis – com apenas 16 anos, no International Football Championship U16, nos Emirados Árabes. O apelido do menino era por conta de seus traços andinos, mas o nome de batismo tinha inspiração em outro país sul-americano. José, o pai de Bolívia, queria que o garoto fosse craque como o argentino Riquelme. Por isso, inovou na hora de escolher o nome do recém-nascido e o batizou de Rykelmo. Ao contrário do ídolo do Boca, meia cerebral, Bolívia se tornou volante. E dos bons. Capitão do sub-17 do Flamengo, chegou ao clube depois de se destacar pela Portuguesa Santista, em 2016. A mãe, Rosana, o define com quatro adjetivos: guerreiro, sonhador, humilde e responsável.

"Tio, conquistei a multidão ontem! Joguei muito! Todo mundo gritou meu nome!" Aquele era outro Samuel. O menino de 15 anos já não tinha mais a tremedeira que dava nas pernas quando começou a jogar no projeto Bom de Bola, coordenado pelo tio dele, Milton, em São João de Meriti, Rio de Janeiro. Cria do Beco do Manhoso, ele agora era lateral direito na base do Flamengo. Vestia a camisa 2 e queria ser um lateral direito de muita classe, como Léo Moura. Antes do jogo entre Flamengo e Grêmio pelo Brasileirão de 2018, deu a volta olímpica com seus companheiros no Maracanã com a taça da Copa Nike e pôde sentir de perto o calor de mais de 30 mil rubro-negros. Prometeu que daria ao irmão mais velho e à sobrinha uma vida farta com o sucesso que buscava no futebol. Samuel deixou uma dúvida para seu tio Milton: "Ele morreu dormindo. Será que ele estava sonhando com essas coisas que ele falava pra gente?".

Josete assumiu os papéis de pai e mãe de seu neto Vitinho. Para o menino de 15 anos, nascido em Florianópolis, nada na vida era mais importante do que deixá-la orgulhosa. Maior e mais forte que os garotos de sua idade, Vitinho se destacou no futsal e não demorou para migrar para o futebol de campo. Primeiro defendeu o Figueirense, depois se mudou para Curitiba. Lá, jogou no Trieste e no Athletico Paranaense, e iniciou a amizade com Gedinho e Bernardo Pisetta. O ex-craque Sávio passou a agenciar a carreira de Vitinho, que chegou ao Flamengo em agosto de 2018. "Ele era um menino muito alegre, mas encarava o futebol com muita seriedade." Conversando com Joice, sua prima, sobre o que faria da vida se não vingasse como profissional, Vitinho disse que não tinha plano B: "O futebol é minha vida".

***

O centro de treinamento do Flamengo vinha funcionando sem alvará da Prefeitura do Rio de Janeiro. O município também revelou que o dormitório onde aconteceu o incêndio não constava no projeto aprovado em 2018. Na planta, a área que era ocupada pelos contêineres aparecia como estacionamento. O clube levou 31 multas pela falta de licença. No dia seguinte à tragédia, o presidente se reuniu em um hotel com familiares dos jovens. Psicólogos do Flamengo foram colocados à disposição dos parentes das vítimas.

A controvérsia em relação às indenizações a serem pagas já estava em andamento. Treze dias depois da tragédia, uma audiência de mediação entre Defensoria Pública e Ministério Público (MP) do Rio de Janeiro (representando os interesses das famílias das vítimas) e Flamengo mostrou que o caminho até um acordo seria longo. A proposta do clube (350 mil reais para cada pai e cada mãe; 50 mil para cada um dos avós; e 25 mil reais para cada irmão dos dez garotos que morreram) foi recusada. A contraproposta do MP foi de 2 milhões de reais por família, mais pensão mensal de 10 mil reais. Houve um segundo encontro no Tribunal de Justiça do Rio, novamente sem acordo. O Flamengo pagou pensão de 10 mil reais a cada família, valor que inicialmente era de 5 mil reais mensais por família, até dezembro de 2019.

Dezesseis dias depois da morte dos dez meninos, o presidente Rodolfo Landim finalmente participou de uma entrevista coletiva. A demora para o posicionamento oficial do clube foi atribuída à necessidade de tempo para levantar informações precisas, já que a diretoria tinha tomado posse havia pouco mais de um mês. Na avaliação do presidente, o incêndio foi uma fatalidade. "Infelizmente, aconteceu. Não posso imaginar que alguma coisa poderia ter sido feita e o Flamengo não fez porque não ligou, achou que não teria importância. Há muitas coisas que vamos saber ao longo desse processo. Ele não termina aqui. Essa vai ser uma conclusão da Polícia, mas, na minha percepção, foi uma fatalidade."

Quatro meses após a tragédia, a Polícia Civil carioca entregou ao Ministério Público do Estado do Rio de Janeiro as conclusões do inquérito instaurado pela 42ª Delegacia de Polícia (Recreio dos Bandeirantes) para apurar a responsabilidade pelo incêndio. O delegado Márcio Petra, que assinou o documento com 2.200 páginas, chamou a atenção para várias infrações. Segundo ele, o clube tinha conhecimento de que muitos atletas da base moravam em estruturas inadequadas que serviam de dormitórios. Ainda de acordo com o inquérito, havia problemas estruturais e elétricos com os contêineres, cujos aparelhos de ar-condicionado não recebiam a manutenção adequada. Também foi destacada a recusa do Flamengo em assinar um termo de ajustamento de conduta para regularizar a situação precária em que viviam os atletas da base. A desobediência à ordem de interdição do centro de treinamento pela prefeitura do Rio de Janeiro por falta de alvará e certificação do Corpo de Bombeiros também foi destacada nas conclusões.

A investigação da Polícia Civil chegou ao Ministério Público pedindo o indiciamento de oito pessoas por homicídio doloso, entre elas o ex-presidente do Flamengo, Eduardo Bandeira de Mello; três engenheiros da empresa NHJ (que forneceu os contêineres); dois engenheiros do Flamengo; um técnico em refrigeração; e o funcionário que atuava como monitor dos meninos que viviam no Ninho do Urubu. A Promotoria devolveu o documento duas vezes, pedindo novas diligências em busca de informações complementares que pudessem fortalecer a denúncia. Em março de 2020, o Ministério Público do Rio de Janeiro finalmente se considerou satisfeito com o trabalho da Polícia Civil. O promotor Luiz Antonio Corrêa Ayres, do Grupo de Atuação Especializada do Desporto e Defesa do Torcedor, disse em entrevista a Mauro Cezar Pereira que as novas informações trazidas amadureceram a denúncia a ser oferecida ao Poder Judiciário. A pandemia de Covid-19 chegou antes e paralisou a Justiça brasileira.

O coronavírus também atrapalhou outra frente de investigação que surgiu na Assembleia Legislativa do Estado do Rio de Janeiro. Uma Comissão Parlamentar de Inquérito tinha sido instalada para apurar não apenas o incêndio no Ninho do Urubu, mas também outras ocorrências similares, como a destruição do Museu Nacional e o fogo nos hospitais Badin e Balbino. A CPI, presidida pelo deputado Alexandre Knoploch, do PSL, surgiu para investigar as ações do Poder Público nos episódios e averiguar se tinham ocorrido falhas na fiscalização e prevenção dessas ocorrências.

Sete dirigentes do Flamengo foram convocados pela Comissão. Destes, quatro pertenciam à gestão Eduardo Bandeira de Mello. Rodolfo Landim não foi à primeira audiência e, após um pedido inicial de condução coercitiva do presidente do Flamengo, a CPI aceitou que o clube fosse representado por Rodrigo Dunshee de Abranches, vice-presidente geral. As famílias das vítimas estiveram presentes e puderam questionar os representantes do clube. Wedson Cândido, pai de Pablo Henrique, desabafou: "Fiquei sabendo da morte do meu filho pela imprensa. Ninguém do Flamengo me ligou. Meu filho não tem preço. Esperei por ele quarenta anos e vivi com ele 14". Alba Valéria, mãe de Jorge Eduardo, e Darlei Pisetta, pai de Bernardo, criticaram duramente a ausência de Landim.

Fred Luz, CEO do Flamengo na gestão Bandeira, foi questionado sobre os alojamentos da base. Disse que os contêineres já estavam lá quando chegou ao clube e que recebeu da área técnica a garantia de que os módulos eram "perfeitamente adequados para que os meninos ficassem", mas não nomeou quem lhe deu essa informação. Outro dirigente da administração anterior, Alexandre Wrobel, ex-vice de Patrimônio, disse que conhecia todos os detalhes das construções dos novos prédios no centro de treinamento. Sobre os contêineres, nada sabia. "Não fazia ideia de como dormiam ou quantos dormiam. Não era minha competência, nosso trabalho era macro. Fazer a estratégia do departamento."

Marcelo Sá, engenheiro do Flamengo que aparecia entre os oito indiciados na primeira versão do inquérito apresentado pela Polícia Civil e devolvido pelo Ministério Público, foi às lágrimas ao se defender: "A responsabilidade do meu departamento cabe tão somente às obras definitivas, licenciadas. Essa é a oportunidade que estou tendo aqui de me colocar. Do tapume para dentro, podem me perguntar. Não tem uma vírgula!". O outro engenheiro do Flamengo indiciado foi Luis Felipe Pondé, subordinado a Marcelo Sá. Pondé disse à CPI que foi contratado para trabalhar em uma obra específica, a construção do prédio conhecido como

CT1. "Era orientação do RH não ter nenhum contato com a outra parte do CT. Era completamente separado a obra da administração. Eles tinham a equipe deles, capaz de fazer instalações elétricas, hidráulicas, tudo."

A fala de Pondé aos parlamentares foi diferente do depoimento dado à Polícia Civil. Ao ser interrogado, o engenheiro disse que se reuniu com o diretor de futebol Carlos Noval e escutou dele quais seriam as necessidades para a criação do alojamento provisório para os meninos da base. Pondé contou que fez um esboço e o desenho foi enviado para a fornecedora de contêineres NHJ. Os engenheiros da empresa fizeram a planta do alojamento e mandaram para Pondé, que disse ter recebido o aval de Carlos Noval e Marcelo Sá para autorizar a produção dos módulos habitacionais. A planta da NHJ era diferente da primeira desenhada por Pondé, já que o fabricante precisou fazer ajustes em módulos que tinham características predeterminadas.

A apresentação de Marcelo Sá na CPI como alguém que tinha apenas funções "do tapume para dentro" em obras definitivas e licenciadas não batia com os depoimentos de pelo menos três colegas do Flamengo à Polícia Civil. Luiz Humberto, gerente de administração e hotelaria do Ninho do Urubu, afirmou que os alojamentos eram contratados pelo setor de Patrimônio do Flamengo, gerido pelo diretor Márcio Garotti e por Marcelo Sá, diretor-adjunto do departamento. Marcelo Helman, ex-diretor executivo do CT, disse aos parlamentares que a obtenção de licenças para obras e alvarás de funcionamento eram assuntos da diretoria de Patrimônio, representada por Marcelo Sá. E Carlos Noval disse em seu depoimento que Marcelo Sá e Luis Felipe Pondé ajudaram na elaboração da planta do alojamento em que os meninos morreram.

O inquérito pediu o indiciamento dos dois engenheiros do clube. "Neste cenário, tantos os engenheiros da NHJ quanto Luis Felipe Pondé e Marcelo Sá, ambos da Diretoria Adjunta de Patrimônio do Flamengo, mantiveram temerariamente as configurações originais dos módulos habitacionais na sua elaboração, não observando as peculiaridades necessárias para serem utilizados como dormitórios pelos jogadores da base, os quais durante o sono não tiveram, por certo, capacidade de reação ao perigo iminente, diverso daquelas pessoas que o utilizavam como escritório."

Cláudia Rodrigues, representante da NHJ, empresa que forneceu os contêineres ao Flamengo, disse que tratava diretamente com o departamento de engenharia do clube. "Temos os e-mails que foram trocados na negociação. O uso do contêiner é sempre dado pelo locador. Somos apenas a empresa de locação de equipamentos." A Light, companhia responsável pelo abastecimento elétrico, negou por meio de seu superintendente que tivesse ocorrido qualquer oscilação na rede que justificasse o curto-circuito que iniciou o incêndio.

O técnico em refrigeração Édson Colman da Silva também figurava na lista de indiciados. A perícia apontou como causa do início do incêndio o curto-circuito num aparelho de ar-condicionado e a manutenção desses equipamentos era responsabilidade de Colman, que já prestava serviços ao Flamengo há mais de 27 anos. Os advogados dele apresentaram à CPI uma perícia independente, alegando que o disjuntor utilizado na instalação (com capacidade para vinte amperes) era diferente do indicado pelo fabricante do aparelho (dez amperes), o que poderia gerar superaquecimento e fogo em decorrência de picos de energia. O contrato apresentado pela defesa de Colman indica que a instalação do disjuntor era de responsabilidade da NHJ.

A Secretaria Municipal da Fazenda enviou Sandra Nunes como sua representante. Ela confirmou que o CT foi interditado em 2017, embora a decisão não tenha sido obedecida pelo Flamengo. Sobre o não cumprimento da ordem, afirmou: "Nossa interdição é administrativa. Cabe ao empresário acolher". O ex-presidente Eduardo Bandeira de Mello, um dos oito indiciados na versão preliminar do inquérito, tentou explicar à CPI o que aconteceu. "Parece que em outubro de 2017 um funcionário da prefeitura esteve lá e lavrou um auto em que constava a palavra interdição, mas não interditou. Isso nunca chegou ao meu conhecimento."

Após a interdição não levada a cabo, outros sete autos de infração foram lavrados durante o mandato de Bandeira. Outros 24 na gestão Landim. No mesmo depoimento à CPI, Bandeira de Mello afirmou:

BANDEIRA DE MELLO

"Acredito que nem os principais executivos da própria Prefeitura do Rio souberam disso, porque sempre tive uma relação permanente e cordial com o prefeito Marcelo Crivella e ele nunca mencionou isso. A própria imprensa cobriu o CT durante um ano e meio sem saber que estava cobrindo uma instalação interditada. Então eu acho perfeitamente crível que o presidente do clube não soubesse disso. Ninguém sabia.

Em outra sessão da CPI, o monitor Marcus Medeiros, que era responsável pelos meninos que dormiam no Ninho do Urubu, deu o seu depoimento. O nome de Marcus aparecia entre os oito indiciados na primeira versão do inquérito entregue pela Polícia Civil ao Ministério Público.

MARCUS MEDEIROS

"Acho uma injustiça. Se eu estivesse ali, não estaria vivo. O que pude fazer para resgatar os meninos, eu fiz. Na gíria, querem pegar um bucha, um pato. A corda arrebenta para o mais fraco. Eu não assino nada, não montei contêiner. Estava trabalhando num lugar irregular, poderia estar morto junto, por que sou culpado? Eu cumpria ordens.

A função de Marcus era conferir a situação nos quartos, dar a ceia aos meninos e colocá-los para dormir. Era orientado a fazer rondas, o que, segundo ele, seria uma função de vigia. O monitor contou que estava tomando suco no refeitório quando ouviu a explosão e o corre-corre. "Fui por trás do contêiner e consegui puxar alguns garotos. Todos eles viram a minha luta."

O depoimento de Marcelo Helman, ex-diretor executivo do CT, foi contundente, trazendo nomes e apontando responsabilidades.

MARCELO HELMAN

"O acordo para que os meninos dormissem no alojamento foi feito pelo futebol, o responsável era Carlos Noval, diretor da base. Com absoluta certeza posso afirmar que era de conhecimento da administração do Patrimônio, responsável pelos contêineres, pela contratação, pelo desenho interior. Tudo estava sob comando do Patrimônio.

A decisão de fazer dos contêineres dormitórios foi tomada com consciência, com discussão e com aprovação, até porque teve custos. Isso não era feito de um dia para o outro, tratava-se de uma encomenda sob medida. O futebol de base decidiu que hospedaria os seus atletas naquele local até ficar pronto o módulo 1, que passaria a atender a base. O diretor de Patrimônio avaliou que seria bom colocá-los ali por não ter mais despesas, os garotos não precisariam ir de ônibus para casa, por exemplo. Com isso, os atletas jovens passaram a se hospedar lá. Quem tomou a decisão? O futebol solicitou. Quem avaliou se isso era bom ou ruim? A diretoria de Patrimônio. Quem decidiu fechar o contrato com a NHJ? Patrimônio. Isso era de conhecimento de Alexandre Wrobel? É praticamente impossível que o vice-presidente de algo tão específico não desse a palavra final.

A apresentação do último relatório foi atrasada pela pandemia, mas o presidente da CPI, Alexandre Knoploch, adiantou em entrevista ao blog Ser Flamengo que as conclusões da investigação parlamentar divergiam do inquérito policial:

ALEXANDRE KNOPLOCH

"Está bem diferente, inclusive com outros indiciados. Pessoas da gestão anterior e possivelmente dessa gestão. Existem as pessoas que têm culpa por estarem ligadas diretamente ao incêndio. E aquelas que, por serem gestores do clube, também são coparticipantes na responsabilidade do evento.

O CREA [Conselho Federal de Engenharia e Agronomia] esteve presente na Comissão e os engenheiros eletricistas foram enfáticos. A forma como eram feitas as ligações elétricas não estava dentro dos critérios técnicos. No laudo do Instituto de Criminalística Carlos Éboli, a polícia científica mostra onde pega fogo e o porquê. O Ninho do Urubu estava interditado. Não poderia ter operações ali. O Flamengo assumiu um risco de operar. Segundo a gestão anterior e a atual, eles não sabiam que estava interditado. Só que é obrigação do gestor ter essa informação.

A falta de sensibilidade da diretoria do clube ao lidar com as famílias dos mortos se repetiu no tratamento dado a cinco dos 16 meninos que sobreviveram ao dia 8 de fevereiro de 2019. O Ministério Público e a

Defensoria queriam pelo menos dois anos de estabilidade para os garotos que conseguiram escapar do fogo, mas Felipe Cardoso, João Vitor Torrezan, Naydjel Struhschein, Wendel Gonçalves e Caike Silva foram dispensados pelo clube em janeiro de 2020. Eduardo Freeland, coordenador da base do Flamengo, disse que os atletas não tinham alcançado o nível para permanecer no time.

Em homenagem aos Garotos do Ninho, a estampa de um laço de fita preto com o nome dos dez meninos foi utilizada na camisa do Flamengo durante a sequência da temporada 2019. Até o fechamento da primeira edição deste livro ninguém havia sido responsabilizado criminalmente pelas mortes no centro de treinamento. A ausência dilacerante de meninos que tinham toda uma vida pela frente dói ainda mais quando é preciso lidar com a impunidade.

ROSANA SOUZA
Mãe de Rykelmo

Eu quero que alguém pague pelo erro. Eu não dei meu filho para qualquer um. Eu dei meu filho para o Clube de Regatas do Flamengo porque eu achava que iriam cuidar, zelar por ele. E eu quero justiça. Cadê o culpado?

WEDSON CÂNDIDO
Pai de Pablo Henrique

Eu confiei ao Flamengo uma criança que tinha 13 anos quando chegou lá. O Flamengo me devolveu um caixão em que eu não pude ver o rosto do meu filho. Isso dói demais! Só Deus pra ter dó da gente, porque se depender de Justiça, a gente tá perdido. Pra pobre, a Justiça vira as costas!

TESTE DE NERVOS

★★★★★★★★★★★★★

O Flamengo estrearia na competição mais importante do ano no dia 5 de março de 2019, menos de um mês depois da tragédia envolvendo os Garotos do Ninho. A cidade de Oruro, a 3.735 metros de altitude, seria a primeira escala para realizar o sonho de voltar a ser campeão da América. Com 264 mil habitantes, no centro-oeste boliviano, o local era a casa do San José, classificado para a Libertadores como campeão do torneio Clausura da Bolívia, em 2018. O estádio Jesús Bermúdez recebia um clube brasileiro em jogo de Libertadores pela primeira vez desde 2013, quando o torcedor Kevin Espada, de 14 anos, morreu ao ser atingido por um sinalizador na partida entre San José e Corinthians. Doze torcedores corintianos passaram 156 dias presos em Oruro acusados de envolvimento no assassinato de Kevin. A autoria do disparo que matou o adolescente boliviano foi assumida mais tarde por Helder Alves Martins, integrante da Gaviões da Fiel. Helder tinha 17 anos na época do homicídio.

Apesar do crime ter sido cometido por um brasileiro, a delegação do clube rubro-negro foi muito bem-recebida. Torcedores do Flamengo residentes na Bolívia saíram de Sucre, Santa Cruz de la Sierra e La Paz e se juntaram aos rubro-negros que vieram do Rio de Janeiro. Mesmo em número inferior à torcida local, a galera do Flamengo se fazia ouvir em Oruro. Abel Braga mandou a campo seus quatro novos contratados e a escalação foi esta: Diego Alves, Pará, Léo Duarte, Rodrigo Caio e Renê; Cuéllar e Willian Arão; Arrascaeta, Diego e Bruno Henrique; Gabigol.

DIEGO ALVES

❝ Eu me lembro muito de uma conversa que nós tivemos em Oruro. A gente foi conscientizando os jogadores que tinham chegado, Gabi, Arrascaeta, Bruno

Henrique, de que era uma nova oportunidade de conseguirmos esse sonhado bicampeonato da Libertadores. Por mais que eles soubessem da importância que é jogar a competição, no Flamengo a cobrança era muito forte. Os anos anteriores demonstravam que os atletas que não tinham rendimento tão bom na Libertadores eram sempre crucificados.

WILLIAN ARÃO

Pesava muito o jejum na Libertadores. A gente vinha de duas eliminações precoces nas duas edições anteriores. Pra ganhar a Libertadores, você tem que disputá-la todo ano. O time vai criando casca. No início de 2019, eu sentia que a gente tinha tudo pra ganhar porque montamos um time mais forte do que o de outros anos. Claro que ainda precisava dar liga, mas a gente foi pra Libertadores com o sentimento de que dessa vez seria diferente.

No acanhado túnel de acesso ao gramado do estádio Jesús Bermúdez, jogadores novatos e outros que já tinham sentido na pele o peso de fracassar com o Flamengo estavam concentrados para a estreia que viria a seguir. "Bora, galera! Chegou o que a gente queria! Vambora!", gritava Diego Alves. Arão também passava motivação: "Preparamos pra esse momento, galera! Pré-temporada, tudo... Crescemos como equipe pra esse momento, pra esse jogo!". O pedido do novato Rodrigo Caio era um só: "Confiança! Tem que ter confiança pra jogar!". E a última fala antes de chegar ao gramado foi de Gabriel: "Vamos marcar sim, ser fortes. Mas com a bola, vamos jogar!".

Tecnicamente muito inferior, o San José tentou imprimir correria no começo da partida para aproveitar a altitude. Foram duas chances de gol nos primeiros cinco minutos, com Sanguinetti (para fora) e Ramallo, que aproveitou a falha de Arrascaeta na marcação e só parou em Diego Alves, que abria ali a série de quatro defesas importantes apenas no primeiro tempo. Os rubro-negros fizeram um primeiro tempo tímido, apostando em chutes de longe (só dois, com Diego e Renê). A melhor jogada veio com Arrascaeta, que driblou dois marcadores, ganhou do terceiro na trombada e deixou Gabigol em ótima condição na área. A bola caiu no pé direito do centroavante, mas a finalização foi ruim.

RENÊ

"Eu sempre tive curiosidade pra jogar na altitude. Já tinha jogado em Bogotá, mas não achei tão difícil. Nesse jogo de Oruro foi difícil. Com uns trinta minutos já era uma sensação de queimação no nariz. Você não sabia se teria força pra voltar depois de ir ao ataque. Lembro que no intervalo todo mundo chegou ao vestiário pedindo oxigênio.

Abel voltou do intervalo com Everton Ribeiro no lugar de Arrascaeta. O time cresceu, principalmente com a boa movimentação de Bruno Henrique, saindo da ponta para ser uma opção mais próxima da área. Rodrigo Caio mostrava personalidade atrás e salvou o Flamengo logo no começo da segunda etapa ao bloquear um voleio de Saucedo.

RODRIGO CAIO

"A gente precisava mostrar pra Nação que nosso time era forte, independente de todas as dificuldades. Você jogar num lugar quem tem 3.700 metros de altitude é surreal! O jogo teve lances impressionantes. O Diego Alves fazendo milagre atrás de milagre. Nessa jogada que o cara foi dar o voleio dentro da área, me joguei em cima da bola. Ela bateu nas minhas costas!

O relógio marcava 14 minutos da segunda etapa quando o entrosamento trazido do Santos deixou o Flamengo na frente em Oruro. Bruno Henrique veio buscar jogo no meio-campo e percebeu a projeção de Gabigol por trás do zagueiro. A enfiada de bola encontrou o camisa 9 de frente com o goleiro Lampe. O tempo passa mais devagar para quem é artilheiro. Em menos de dois segundos, Gabigol dominou com um toque, olhou para Lampe e desviou de canhota com absoluta frieza. A bola morreu no canto esquerdo, e o Flamengo marcava pela primeira vez na Libertadores 2019.

Ainda faltava meia hora de jogo, mas o Flamengo agora tinha entre os postes uma figura que havia faltado em momentos decisivos nas temporadas anteriores: um goleiro que vence jogos. Diego Alves fez mais três defesas importantes ao longo do segundo tempo. A escolha do melhor jogador em campo seria óbvia, especialmente depois da incrível chance desperdiçada por Gabigol aos 36 minutos. Arão fez ligação direta para o centroavante rubro-negro que, sozinho com Lampe, conseguiu chutar rasteiro em cima do goleiro da Seleção Boliviana. Graças ao camisa 1, esse gol perdido não fez falta e o Flamengo conseguiu estrear com vitória fora de casa pela primeira vez na história da Copa Libertadores.

DIEGO ALVES

> Eu já fui pro jogo com essa mentalidade de que iríamos sofrer. Pela altitude, pela velocidade da bola, pelo San José estar acostumado. E desde o começo foi assim. Consegui fazer umas sete, oito defesas e fizemos um gol com o Gabigol que nos deu a vitória. E a gente voltou com os primeiros três pontos e aquele alívio.

A tabela do Grupo D previa agora três jogos seguidos no Maracanã, o primeiro deles no dia 13 de março contra a LDU, campeã da Libertadores nesse mesmo estádio 11 anos antes contra o Fluminense. O time do Equador tinha vencido o Peñarol na primeira rodada por 2 X 0 e o jogo valia a liderança da chave. Abel Braga só fez uma mudança em relação ao time que venceu o San José: Everton Ribeiro no lugar de Arrascaeta. A atmosfera para estreia em casa era resumida pelo mosaico montado pela torcida à esquerda das cabines de rádio. Com fundo branco e letras rubro-negras, lia-se "MENGO É PAIXÃO".

Contagiados pela eletricidade que vinha dos mais de 62 mil rubro-negros na arquibancada, os jogadores do Flamengo começaram a partida com muita correria, intensidade nas divididas e... passes errados, talvez fruto da ansiedade. Isso permitiu que a primeira chegada concreta fosse da LDU. O zagueiro Rodríguez alçou a bola para a área do Flamengo, onde Aguirre ganhou de Léo Duarte no alto e ajeitou para trás. A bola foi para Julio, que finalizou da meia-lua. Ela quicou no meio do caminho, mas Diego Alves conseguiu espalmar.

O primeiro susto trouxe o Flamengo de volta ao jogo. Aos oito minutos Renê foi ao ataque pela esquerda e lançou Diego na área. Gabigol puxou a marcação dos zagueiros e Diego teve caminho aberto para acionar Everton Ribeiro. O camisa 7 finalizou de primeira, no contrapé do goleiro Gabbarini, e marcou 1 X 0. Ajoelhado e apontando para o céu, Everton agradecia: "Obrigado, meu Pai!".

EVERTON RIBEIRO

> Aquele dia a torcida estava muito positiva. Uma atmosfera muito boa pra gente, o time leve, porque vinha de vitória. Consegui abrir o placar e isso nos deu uma tranquilidade. A gente começou a mostrar a nossa cara ali, sabia que tinha uma equipe muito boa. Os jogadores que chegaram nos passavam isso. A gente sabia que tinha um elenco pra chegar longe na Libertadores.

O segundo gol quase saiu aos 16 minutos em uma jogada ensaiada. Enquanto Diego reclamava da barreira em falta pela direita, Everton Ribeiro levantou na área. Bruno Henrique raspou de cabeça e Gabbarini salvou com um tapinha. Três minutos mais tarde, Diego e Everton Ribeiro envolveram a defesa e acionaram Pará pela ponta direita. O lateral cruzou para Willian Arão cabecear com perigo por cima do travessão. Aos 25, nova chance em arrancada de Rodrigo Caio, que chegou à intermediária adversária e tocou para Everton Ribeiro lançar na área. Gabigol fez o corta-luz e Diego, de voleio, mandou por cima.

Dos pés de Everton Ribeiro nasciam grandes oportunidades. Gabigol se infiltrou e recebeu uma bola perfeita do camisa 7. O chute de canhota explodiu no peito do goleiro, que rezou para o santo certo e viu o centroavante do Flamengo perder, no rebote, a chance com o gol escancarado.

O amplo domínio rubro-negro seguia tranquilo até os 42 minutos, quando um lateral aparentemente inofensivo para a LDU gerou uma disputa na área entre Diego e Vega. O capitão do Flamengo calçou o adversário tolamente e o árbitro argentino Germán Delfino assinalou pênalti corretamente.

DIEGO

> Por mais que não seja característica minha, ali a vontade de lutar, de defender, de ajudar os companheiros faz com que a gente cometa certos excessos. Mas é muito bom ter um goleiro em quem você possa confiar.

O meia equatoriano Intriago se apresentou para a cobrança e ouviu o ruído que vinha da arquibancada. Era o som da torcida do Flamengo gritando o nome do recordista de pênaltis defendidos na história da Liga Espanhola.

DIEGO ALVES

> Eu levo uma fama de defender pênaltis praticamente a vida toda. Na Espanha, era engraçado. Quando saía um pênalti, eu via o estádio todo se levantar. Era como se fosse um evento à parte no jogo. Já levantavam esperando que eu fosse defender pra aplaudir. Eu levo isso comigo sempre. Se saísse um pênalti, eu tinha aquela "obrigação" de pegar, mesmo sabendo que é difícil.
>
> Já defendi pênaltis em tantos lugares, em tantos estádios diferentes, mas ainda não tinha defendido nenhum pênalti no Maracanã. "Acho que chegou o grande momento", eu pensava comigo. Quando ele correu pra bola, eu vi o movimento dele e acertei o canto.

Intriago chutou à meia-altura, no canto esquerdo do goleiro do Flamengo. Foi presa fácil para o camisa 1: o Maracanã explodiu como se fosse um gol.

O alerta estava lançado para o segundo tempo. O acúmulo de grandes chances perdidas poderia custar caro. O Flamengo, porém, retornou do vestiário sonolento. Mesmo não sendo ameaçado, só voltou a finalizar perto dos 15 minutos da segunda etapa: Renê roubou a bola na ponta esquerda e rolou para Arão na entrada da área. O volante mandou um chute rasteiro, no canto direito de Gabbarini. O goleiro argentino fez uma defesaça e ainda saiu nos pés de Renê para evitar um novo cruzamento, cedendo escanteio. No minuto seguinte, Arão gerou outra grande chance, metendo de calcanhar para Léo Duarte na área. O zagueiro equatoriano Cruz conseguiu desviar a finalização e evitar o segundo.

Já passava dos 23 minutos do segundo tempo quando Everton Ribeiro recebeu na intermediária e procurou Bruno Henrique na área. De costas para o zagueiro, o atacante errou o domínio, mas acabou acertando um passe açucarado para Gabigol encher o pé e mandar a bola no canto esquerdo do goleiro. O centroavante marcava o segundo gol do Flamengo no jogo e o segundo dele na Libertadores. E de novo o camisa 9 comemorou mostrando os músculos e balançando a cabeça...

A dez minutos do fim da partida, Abel Braga tirou Bruno Henrique e lançou Fernando Uribe. O centroavante colombiano estava em campo havia apenas 23 segundos quando recebeu de Willian Arão na pequena

Ingresso de San José 0 X 1 Flamengo, em Oruro, Bolívia. Primeira vez que os rubro-negros estrearam na Libertadores vencendo uma partida fora de casa.

Bilhete do primeiro jogo da Libertadores 2019 em casa. Nova vitória, dessa vez por 3 X 1 sobre a LDU, campeã de 2008 naquele mesmo Maracanã.

Entrada para Flamengo 0 X 1 Peñarol. Fim da invencibilidade na competição em jogo marcado por brigas entre torcedores brasileiros e uruguaios.

Ingresso de Flamengo 6 X 1 San José no Maracanã. Sem a vantagem dos 3.735 metros de altitude, os bolivianos foram goleados em ótimo jogo de Everton Ribeiro.

Ingresso de LDU 2 X 1 Flamengo. O time da Gávea saiu na frente, mas levou a virada em Quito.

Bilhete de Peñarol 0 X 0 Flamengo. A vaga nas oitavas de final foi alcançada apesar dos gols perdidos e da expulsão de Pará. Último jogo de Abel à frente do Flamengo na Libertadores.

Entrada de Emelec 2 X 0 Flamengo, em Guayaquil, Equador. O batismo de Jorge Jesus na Libertadores foi com derrota e Diego ainda fraturou o tornozelo.

Ingresso de Flamengo 2 X 0 Emelec. A vitória nos pênaltis levou os rubro-negros às quartas de final da Copa Libertadores após nove anos.

Bilhete de Flamengo 2 X 0 Internacional, jogo de ida das quartas de final no Maracanã. Estreia de Filipe Luís na Libertadores 2019.

Ingresso de Internacional 1 X 1 Flamengo, jogo de volta no Beira-Rio. Os gaúchos saíram na frente, mas Gabigol empatou e levou a vaga para a semifinal.

Entrada de Grêmio 1 X 1 Flamengo, primeiro jogo da semifinal. O placar não retratou a grande atuação dos rubro-negros, que tiveram três gols anulados.

Bilhete de Flamengo 5 X 0 Grêmio, no Maracanã. Uma goleada que pode ter sido a melhor exibição do clube da Gávea na história da Libertadores.

Jogo para sempre: Flamengo 2 X 1 River Plate, a maior das viradas. Milagre em Lima!

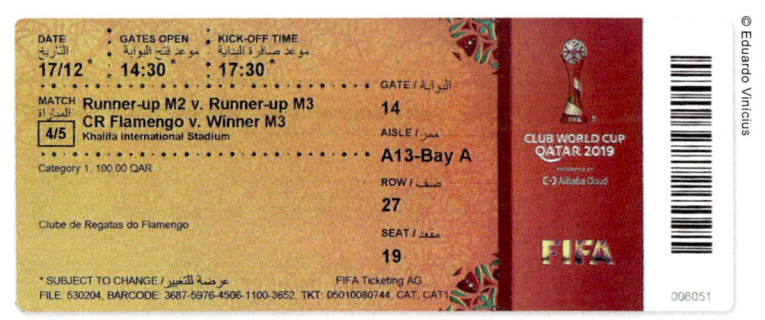

Ingresso de Flamengo 3 X 1 Al-Hilal, semifinal do Mundial. Os sauditas deram trabalho.

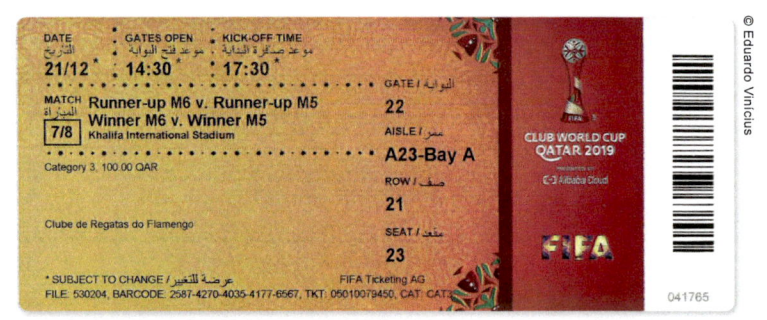

Entrada de Liverpool 1 X 0 Flamengo. O título escapou na prorrogação.

★ TIME-BASE FLAMENGO 2012 ★

Escalação: Felipe; Léo Moura, Ramón, Marcos González, Welinton; Renato Abreu, Ibson (Willians), Luiz Antônio; Ronaldinho Gaúcho (Bottinelli), Vágner Love, Deivid.

ARTILHEIROS
Vágner Love – **24 gols**
Renato Abreu – **7 gols**
Ronaldinho Gaúcho – **7 gols**

★ TIME-BASE FLAMENGO 2013 ★

Escalação: Felipe; Léo Moura, Marcos González (Samir), João Paulo (André Santos), Wallace (Chicão); Amaral, Luiz Antônio; Elias, Carlos Eduardo (Gabriel), Paulinho; Hernane Brocador.

ARTILHEIROS
Hernane Brocador – **36 gols**
Elias – **10 gols**
Renato Abreu – **7 gols**

★ TIME-BASE FLAMENGO 2014 ★

Escalação: Paulo Victor (Felipe); Léo Moura, Samir (Chicão), João Paulo (André Santos), Wallace; Cáceres (Amaral), Márcio Araújo; Gabriel (Canteros), Éverton, Paulinho (Eduardo da Silva); Alecsandro.

ARTILHEIROS
Alecsandro – **21 gols**
Éverton – **10 gols**
Eduardo da Silva – **9 gols**
Gabriel – **9 gols**
Nixon – **9 gols**

★ TIME-BASE FLAMENGO 2015 ★

ARTILHEIROS
Alecsandro – 11 gols
Marcelo Cirino – 11 gols
Alan Patrick – 7 gols
Almir – 7 gols
Éverton – 7 gols

Escalação:
- Paulo Victor
- Jorge (Anderson Pico), Samir (César Martins), Wallace, Pará
- Márcio Araújo, Canteros, Alan Patrick
- Éverton (Emerson Sheik), Alecsandro (Guerrero), Marcelo Cirino

★ TIME-BASE FLAMENGO 2016 ★

Escalação:
- Alex Muralha (Paulo Victor)
- Jorge, Rafael Vaz (Réver), Juan (Wallace), Rodinei (Pará)
- Márcio Araújo, Willian Arão, Alan Patrick (Diego)
- Éverton (Mancuello), Guerrero, Marcelo Cirino (Gabriel)

ARTILHEIROS
Guerrero – 18 gols
Marcelo Cirino – 13 gols
Alan Patrick – 8 gols
Felipe Vizeu – 8 gols
Willian Arão – 8 gols

★ TIME-BASE FLAMENGO 2017 ★

ARTILHEIROS
Guerrero – 20 gols
Diego – 18 gols
Éverton – 10 gols

Escalação:
- Alex Muralha (Diego Alves)
- Trauco (Renê), Rafael Vaz (Juan), Réver, Pará (Rodinei)
- Márcio Araújo (Cuéllar), Willian Arão, Diego, Everton Ribeiro (Paquetá)
- Éverton (Vinícius Jr.), Guerrero (Felipe Vizeu)

★ TIME-BASE FLAMENGO 2018 ★

Escalação: Diego Alves; Rodinei (Pará), Réver, Léo Duarte, Renê; Cuéllar, Diego, Lucas Paquetá; Everton Ribeiro, Henrique Dourado (Uribe), Éverton (Vitinho / Vinícius Jr.)

ARTILHEIROS
Henrique Dourado – 13 gols
Lucas Paquetá – 12 gols
Diego – 10 gols
Everton Ribeiro – 10 gols
Vinícius Jr. – 10 gols

★ TIME-BASE FLAMENGO 2019 ★

Escalação: Diego Alves; Rafinha (Pará), Rodrigo Caio, Pablo Mari (Léo Duarte), Renê (Filipe Luís); Willian Arão, Cuéllar (Gerson), Arrascaeta (Diego); Everton Ribeiro, Gabigol, Bruno Henrique

ARTILHEIROS
Gabigol – 43 gols
Bruno Henrique – 35 gols
Arrascaeta – 18 gols

5/3/2019
SAN JOSÉ 0 X 1 FLAMENGO

Local: Estádio Jesús Bermúdez, Oruro (BOL)
Árbitro: Néstor Pitana (ARG)
Renda: não divulgada
Público: não divulgado
Gol: Gabigol 14' do 2º tempo.
Cartões amarelos: Hernández, Alessandrini, Segovia, Diego, Bruno Henrique, Léo Duarte e Diego Alves.
San José: Lampe, Segovia, Toco, Rodríguez e Jair Torrico; Fernández (Gutiérrez), Didi Torrico, Ramallo e Sanguinetti (Marcelo Gomes); Hernández (Alessandrini) e Saucedo. **Técnico:** Néstor Clausen.
Flamengo: Diego Alves, Pará, Léo Duarte, Rodrigo Caio e Renê; Cuéllar, Willian Arão, Diego (Ronaldo) e Arrascaeta (Everton Ribeiro); Bruno Henrique (Vitinho) e Gabriel. **Técnico:** Abel Braga.

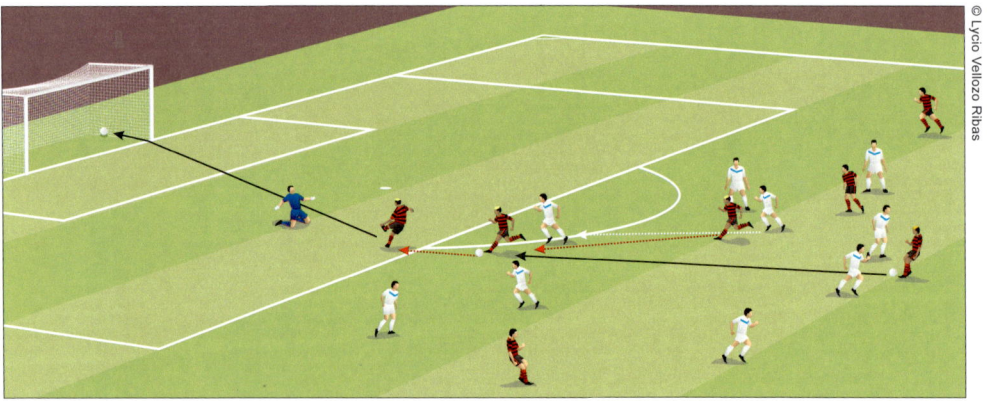

Bruno Henrique percebe a infiltração de Gabigol e aciona o centroavante. De frente para o goleiro, o camisa 9 do Flamengo é frio e marca de pé esquerdo o gol da vitória rubro-negra na altitude de 3.735 metros.

13/3/2019
FLAMENGO 3 X 1 LDU

Local: Maracanã, Rio de Janeiro (RJ)
Árbitro: Germán Delfino (ARG)
Renda: R$ 2.596.530,50
Público: 62.440 (58.034 pagantes)
Gols: Everton Ribeiro 8' do 1º tempo; Gabriel 23', Uribe 36' e Borja (pênalti) 46' do 2º tempo.
Cartões amarelos: Cuéllar, Aguirre e Intriago.
Flamengo: Diego Alves, Pará, Léo Duarte, Rodrigo Caio e Renê (Trauco); Cuéllar (Arrascaeta), Willian Arão, Diego e Everton Ribeiro; Bruno Henrique (Uribe) e Gabriel. **Técnico:** Abel Braga.
LDU: Gabbarini, Quintero, Rodríguez, Freire e Cruz; Orejuela, Intriago (Murillo), Vega e Jhojan Julio; Ayoví (Angulo) e Aguirre (Borja). **Técnico:** Pablo Repetto.

Renê vai ao ataque pela esquerda e lança Diego na área. Enquanto Gabigol puxa a marcação dos zagueiros, Everton Ribeiro aparece livre e bate de primeira, no contrapé do goleiro. Flamengo 1 X 0 com oito minutos de jogo.

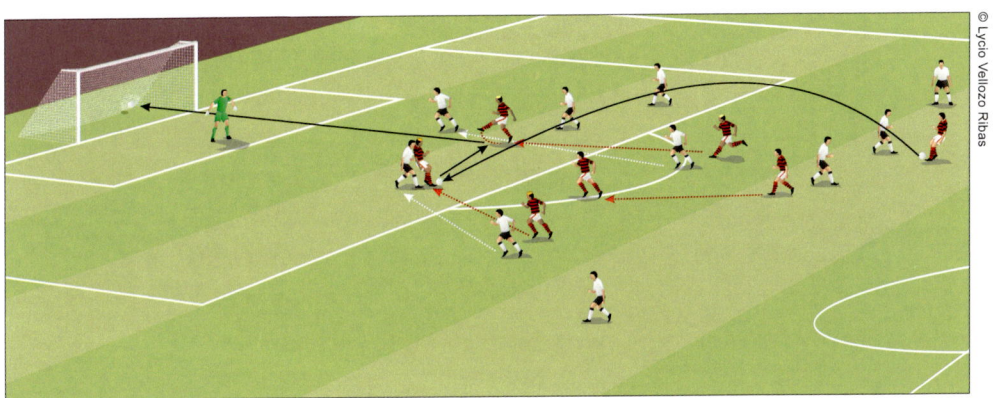

Everton Ribeiro lança Bruno Henrique na área, de costas para o zagueiro. O atacante erra o domínio mas acerta um passe açucarado para Gabigol. O centroavante enche o pé e manda a bola no canto esquerdo do goleiro.

Renê levanta a bola na área da LDU; Willian Arão ganha a disputa aérea contra dois zagueiros e toca de cabeça para Uribe na pequena área. O atacante colombiano gira e bate cruzado para marcar o terceiro do Flamengo.

3/4/2019
FLAMENGO 0 X 1 PEÑAROL

Local: Maracanã, Rio de Janeiro (RJ)
Árbitro: Patricio Loustau (ARG)
Renda: R$ 2.662.773,50
Público: 66.716 (61.576 pagantes)
Gol: Viatri 42' do 2º tempo.
Cartões amarelos: Cuéllar, Diego, González, Formiliano, Guzmán, Rojo e Lema.
Cartão vermelho: Gabriel.

Flamengo: Diego Alves, Pará, Léo Duarte, Rodrigo Caio e Renê; Cuéllar, Willian Arão (Vitinho), Diego e Everton Ribeiro; Bruno Henrique (Uribe) e Gabriel. **Técnico:** Abel Braga.
Peñarol: Dawson, González, Formiliano, Lema e Hernández; Guzmán (Viatri), Gargano, Brian Rodríguez (Rojo) e Cristian Rodríguez; Núñez (Gastón Rodríguez) e Canobbio. **Técnico:** Diego López.

11/4/2019
FLAMENGO 6 X 1 SAN JOSÉ

Local: Maracanã, Rio de Janeiro (RJ)
Árbitro: Piero Maza (CHI)
Renda: R$ 2.543.038,50
Público: 64.814 (60.965 pagantes)
Gols: Diego 2', Saucedo 18' e Everton Ribeiro 30' do 1º tempo; Arrascaeta 11', Everton Ribeiro 34', Vitinho (pênalti) 38' e Gutiérrez (contra) 42' do 2º tempo.
Cartões amarelos: Willian Arão e Rodríguez.
Cartão vermelho: Toco.

Flamengo: Diego Alves, Pará, Léo Duarte, Rodrigo Caio e Renê (Trauco); Cuéllar, Willian Arão, Diego (Vitinho) e Everton Ribeiro (Lucas Silva); Arrascaeta e Bruno Henrique. **Técnico:** Abel Braga.
San José: Lampe, Juárez (Rojas), Rodríguez, Toco e Jair Torrico; Ovando, Didi Torrico, Gutiérrez, Sanguinetti e Ramallo (Marcelo Gomes); Saucedo (Alessandrini). **Técnico:** Miguel Ponce.

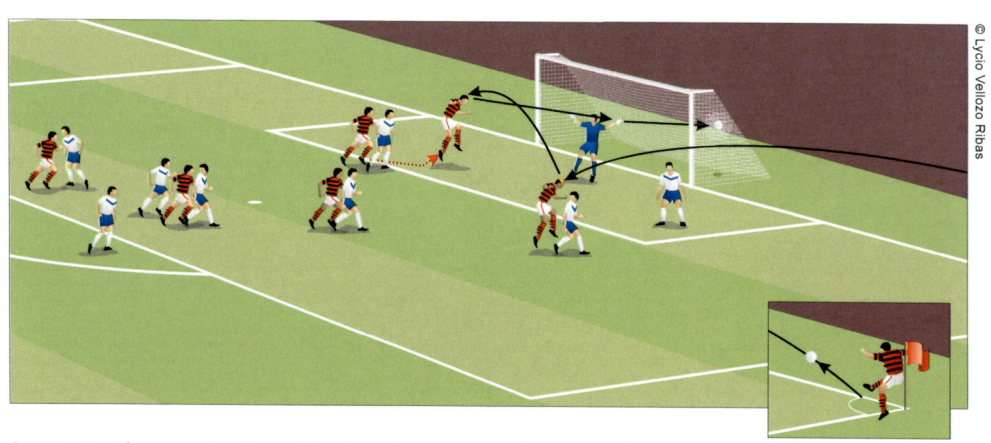

© Lycio Vellozo Ribas

Arrascaeta cobra escanteio, Bruno Henrique desvia na primeira trave e Diego marca o primeiro gol do Flamengo.

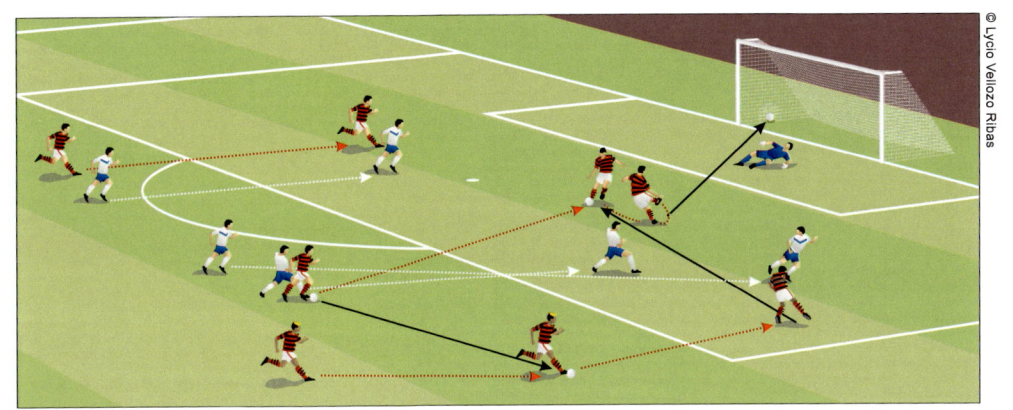

Everton Ribeiro arranca no mano a mano com o zagueiro Juárez e é desarmado na meia-lua. Bruno Henrique fica com o rebote e devolve a bola ao camisa 7, que gira e chuta no canto direito. Flamengo na frente, 2 X 1.

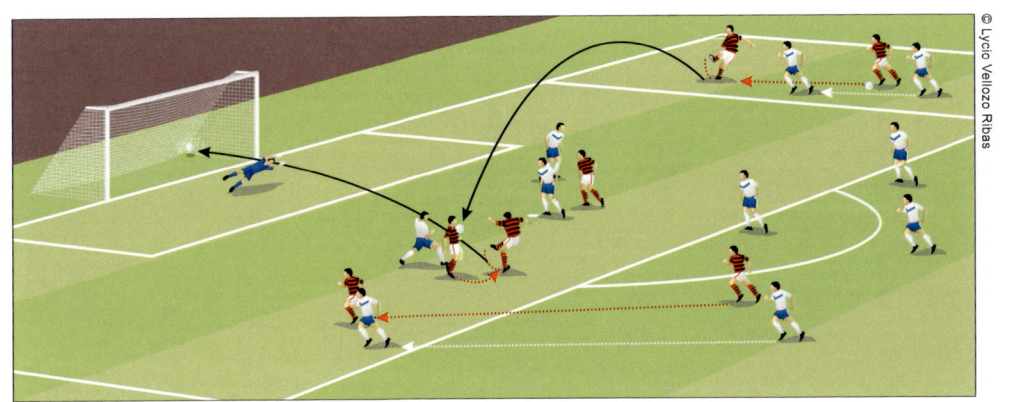

Everton Ribeiro avança pela direita e cruza para a área. Arrascaeta ajeita a bola no peito e solta uma pancada de pé direito indefensável para o goleiro Lampe. Golaço do uruguaio, que buscava se firmar na equipe.

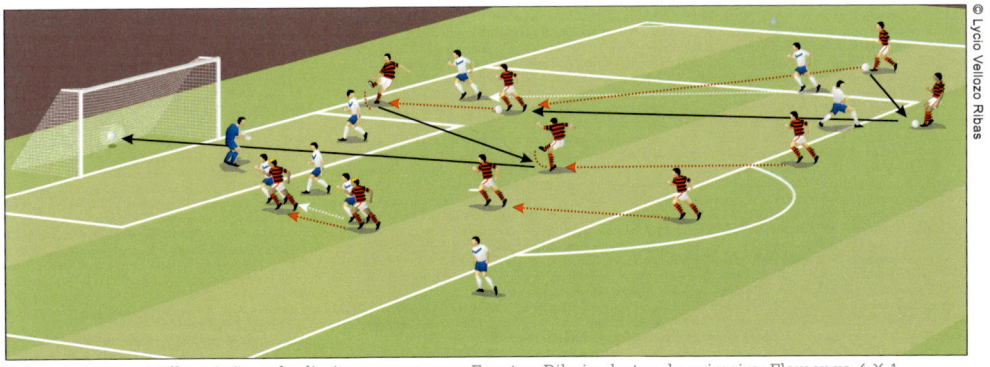

Pará tabela com Willian Arão pela direita e cruza para Everton Ribeiro bater de primeira: Flamengo 4 X 1.

Vitinho cobra pênalti sofrido por Arão. O chute é violento, sem dar chances ao goleiro Lampe. Flamengo 5 X 1.

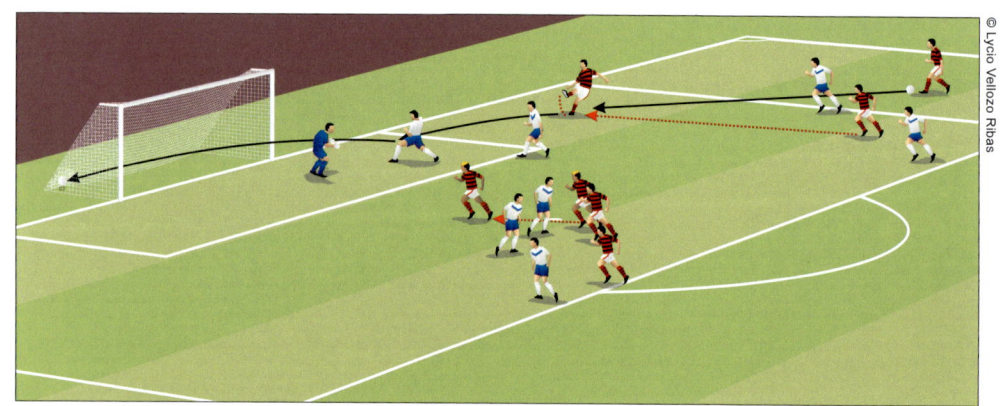

Lucas Silva percebe a infiltração de Pará e o aciona na linha de fundo. O lateral direito vê Vitinho livre na área e cruza. O zagueiro Gutiérrez tenta afastar o perigo e marca gol contra. Flamengo 6 X 1 San José.

24/4/2019
LDU 2 X 1 FLAMENGO

Local: Estádio Casa Blanca, Quito (EQU)
Árbitro: Nestor Pitana (ARG)
Renda: US$ 94.620,00
Público: 16.325
Gols: Bruno Henrique 18' e Anangonó 48' do 1º tempo; Chicaiza 27' do 2º tempo.
Cartões amarelos: Intriago, Chicaiza e Rodrigo Caio.
LDU: Gabbarini, Quintero, Guerra (Freire), Rodríguez e Cruz; Intriago, Orejuela, Jhojan Julio (Chicaiza) e Anderson Julio; Ayoví (Muñoz) e Anangonó. **Técnico:** Pablo Repetto.
Flamengo: Diego Alves (César), Pará, Léo Duarte, Rodrigo Caio e Renê; Cuéllar, Willian Arão, Everton Ribeiro e Arrascaeta (Diego); Bruno Henrique e Gabriel (Vitinho). **Técnico:** Abel Braga.

Pará cruza e Bruno Henrique cabeceia para marcar 1 X 0 na LDU. Mais tarde, os equatorianos virariam o jogo.

8/5/2019
FLAMENGO 0 X 0 PEÑAROL

Local: Estádio Campeón del Siglo, Montevidéu (URU)
Árbitro: Roberto Tobar (CHI)
Renda: não divulgada
Público: não divulgado
Cartões amarelos: González e Pará.
Cartões vermelhos: Pará e González.
Flamengo: César, Pará, Rodrigo Caio, Léo Duarte e Renê; Cuéllar, Willian Arão, Arrascaeta (Vitinho) e Everton Ribeiro; Bruno Henrique (Rodinei) e Gabriel (Diego). **Técnico:** Abel Braga.
Peñarol: Dawson, González, Formiliano (Trindade), Lema e Hernández; Pereira, Gargano (Canobbio) e Cristian Rodríguez; Núñez (Fernández), Viatri e Brian Rodríguez. **Técnico:** Diego López.

24/7/2019
EMELEC 2 X 0 FLAMENGO

Local: Estádio George Capwell, Guayaquil (EQU)
Árbitro: Fernando Rapallini (ARG)
Renda: não divulgada
Público: não divulgado
Gols: Godoy 10' do 1º tempo; Caicedo 33' do 2º tempo.
Cartões amarelos: Guerrero, Willian Arão, Gerson, Léo Duarte e Bruno Henrique.
Cartão vermelho: Vega.
Emelec: Dreer, Caicedo, Jaime, Vega e Bagüí; Arroyo, Queiroz (Mejía) e Godoy; Cabezas (Orejuela), Angulo e Guerrero (Carabalí). **Técnico:** Ismael Rescalvo.
Flamengo: Diego Alves, Rodinei (Lincoln), Rodrigo Caio, Léo Duarte e Renê; Willian Arão (Cuéllar), Rafinha, Diego e Gerson (Lucas Silva); Bruno Henrique e Gabriel. **Técnico:** Jorge Jesus.

31/7/2019
FLAMENGO 2 (4) X (2) 0 EMELEC

Local: Maracanã, Rio de Janeiro (RJ)
Árbitro: Néstor Pitana (ARG)
Renda: R$ 3.992.811,76
Público: 67.664 (61.602 pagantes)
Gols: Gabriel 9' e 18' do 1º tempo.
Cartões amarelos: Bruno Henrique, Cuéllar, Willian Arão, Mejía, Arroyo, Quintero e Cortez.
Pênaltis: Flamengo 4 (converteram: Arrascaeta, Bruno Henrique, Renê e Rafinha), LDU 2 (converteram: Angulo e Cortez; Diego Alves defendeu a cobrança de Arroyo e Queiroz bateu no travessão).
Flamengo: Diego Alves, Rafinha, Thuler, Pablo Marí e Renê; Cuéllar, Willian Arão, Gerson (Berrío) e Everton Ribeiro (Arrascaeta); Bruno Henrique e Gabriel (Reinier). **Técnico:** Jorge Jesus Carpegiani.
Emelec: Dreer, Caicedo, Jaime (Quintero), Mejía e Bagüí; Arroyo, Godoy (Cortez), Queiroz e Cabezas; Guerrero (Carabalí) e Angulo. **Técnico:** Ismael Rescalvo.

Em pênalti sofrido por Rafinha, Gabigol espera o goleiro escolher o lado e coloca a bola no canto direito.

Bruno Henrique rouba a bola na ponta esquerda, vai à linha de fundo e cruza. A bola passa por Everton Ribeiro e encontra Gabriel, livre. O centroavante bate de pé esquerdo no contrapé do goleiro e marca o segundo gol.

21/8/2019
FLAMENGO 2 X 0 INTERNACIONAL

Local: Maracanã, Rio de Janeiro (RJ)
Árbitro: Roberto Tobar (CHI)
Renda: R$ 4.758.998,75
Público: 66.366 (60.797 pagantes)
Gols: Bruno Henrique 29' e 33' do 2º tempo.
Cartões amarelos: Willian Arão, Rafinha, Guerrero e Patrick.
Flamengo: Diego Alves, Rafinha, Rodrigo Caio, Pablo Marí e Filipe Luís; Cuéllar, Willian Arão, Arrascaeta (Gerson) e Everton Ribeiro (Berrío); Bruno Henrique (Piris da Motta) e Gabriel. **Técnico:** Jorge Jesus.
Internacional: Marcelo Lomba, Bruno, Rodrigo Moledo, Cuesta e Uendel; Rodrigo Lindoso, Edenílson (Guilherme Parede), Patrick e D'Alessandro (Nico López); Rafael Sóbis (Wellington Silva) e Guerrero.
Técnico: Odair Hellmann.

Bruno Henrique é lançado por Everton Ribeiro e tenta o chute da meia-lua, mas é derrubado por Cuesta. Gerson fica com a sobra e, antes que Marcelo Lomba chegue, devolve para Bruno Henrique tocar para o gol vazio.

Bruno Henrique engana Cuesta na marcação e recebe de Gabriel na entrada da área. O atacante ajeita a bola e bate cruzado, chute certeiro no canto direito de Marcelo Lomba. Atuação marcante do camisa 27 do Flamengo.

28/8/2019
INTERNACIONAL 1 X 1 FLAMENGO

Local: Beira-Rio, Porto Alegre (RS)
Árbitro: Patricio Loustau (ARG)
Renda: R$ 2.685.145,00
Público: 49.614
Gol: Rodrigo Lindoso 16' e Gabriel 39' do 2º tempo.
Cartões amarelos: Rafael Sóbis, D'Alessandro, Cuesta, Rodrigo Lindoso, Marcelo Lomba, Edenílson, Cuéllar, Diego Alves e Filipe Luís.
Internacional: Marcelo Lomba, Bruno, Rodrigo Moledo, Cuesta (Sarrafiore) e Uendel (Wellington Silva); Rodrigo Lindoso, Edenílson, Patrick e D'Alessandro; Rafael Sóbis (Nico López) e Guerrero. **Técnico:** Odair Hellmann.
Flamengo: Diego Alves, Rafinha, Rodrigo Caio, Pablo Marí e Filipe Luís (Renê); Cuéllar (Piris da Motta), Gerson, Arrascaeta e Everton Ribeiro (Berrío); Bruno Henrique e Gabriel. **Técnico:** Jorge Jesus.

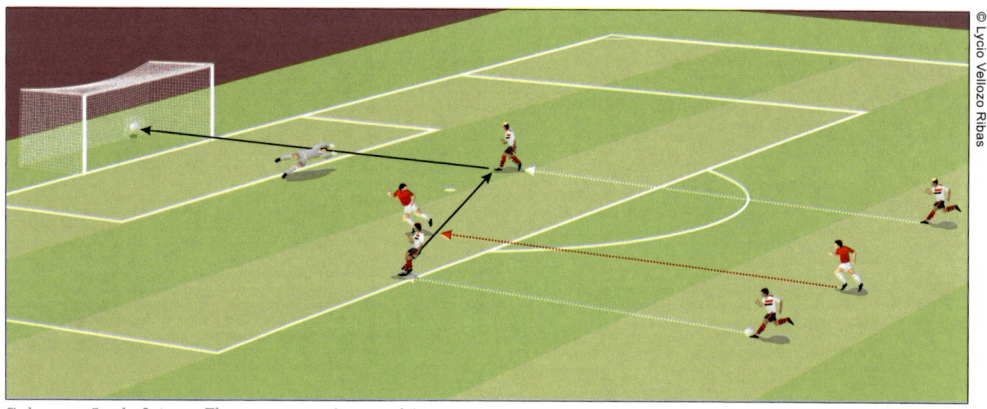

Sob pressão do Inter, o Flamengo encaixa um ótimo contra-ataque. Bruno Henrique e Gabigol só têm Edenílson e Marcelo Lomba pela frente. Bruno atrai o volante e rola para Gabriel marcar e garantir vaga na semifinal.

© Lycio Velloso Ribas

2/10/2019
GRÊMIO 1 X 1 FLAMENGO

Local: Arena Grêmio, Porto Alegre (RS)
Árbitro: Néstor Pitana (ARG)
Renda: R$ 5.130.325,00
Público: 51.406 (47.947 pagantes)
Gols: Bruno Henrique 23' e Pepê 42' do 2º tempo.
Cartões amarelos: Michel, Diego Tardelli, Kannemann e Rodrigo Caio.
Grêmio: Paulo Victor, Galhardo, David Braz, Kannemann e Cortez; Michel (Maicon), Matheus Henrique, Alisson (Pepê), Luan e Everton Cebolinha; Diego Tardelli (André). **Técnico:** Renato Portaluppi.
Flamengo: Diego Alves, Rafinha, Rodrigo Caio, Pablo Marí e Filipe Luís (Renê); Willian Arão, Gerson (Piris da Motta), Arrascaeta e Everton Ribeiro; Bruno Henrique (Vitinho) e Gabriel. **Técnico:** Jorge Jesus.

Arrascaeta recebe de Gerson e cruza no segundo pau. A zaga do Grêmio está mal posicionada. Bruno Henrique sobe mais que o lateral direito Galhardo, cabeceia para o chão e a bola ainda toca na trave antes de entrar.

23/10/2019
FLAMENGO 5 X 0 GRÊMIO

Local: Maracanã, Rio de Janeiro (RJ)
Árbitro: Patricio Loustau (ARG)
Renda: R$ 8.150.645,00
Público: 69.981 (63.409 pagantes)
Gols: Bruno Henrique 41' do 1º tempo; Gabriel 1' e 10', Pablo Marí 21' e Rodrigo Caio 25' do 2º tempo.
Cartões amarelos: Rodrigo Caio, Kannemann e Everton Cebolinha.

Flamengo: Diego Alves, Rafinha, Rodrigo Caio, Pablo Marí e Filipe Luís; Willian Arão, Gerson (Diego), Arrascaeta (Piris da Motta) e Everton Ribeiro; Bruno Henrique (Vitinho) e Gabriel. **Técnico:** Jorge Jesus.
Grêmio: Paulo Victor, Paulo Miranda, Geromel, Kannemann e Cortez; Michel, Maicon (Diego Tardelli), Matheus Henrique e Alisson (Thaciano); Everton Cebolinha e André (Pepê). **Técnico:** Renato Portaluppi.

Bruno Henrique arranca desde o campo de defesa e faz o passe para Gabigol na área. O centroavante finaliza, Paulo Victor dá rebote e Bruno Henrique aproveita a sobra para fazer seu 25º gol pelo Flamengo em cinquenta jogos.

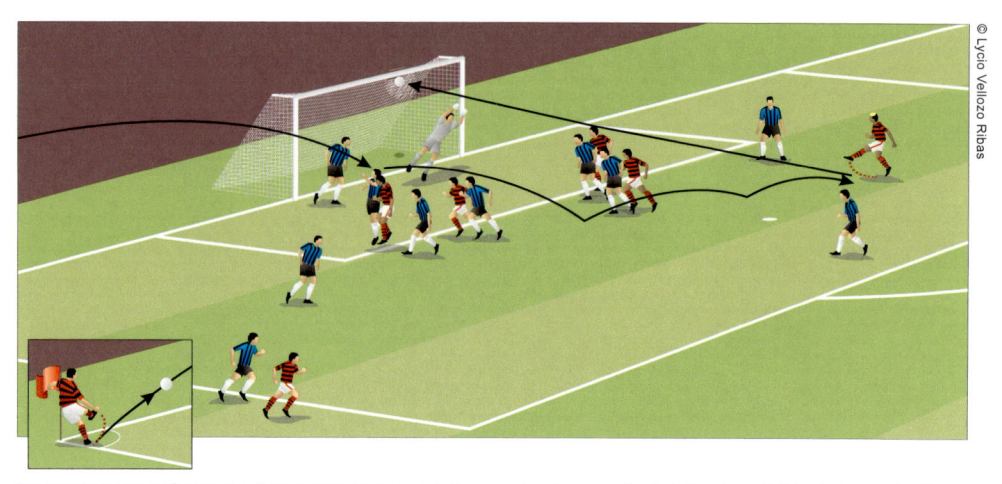

Escanteio para o Flamengo. Arrascaeta levanta a bola no primeiro pau, André desvia e Gabigol chega rápido para pegar o rebote na área e fuzilar de pé esquerdo, no ângulo. O Flamengo abria 2 X 0 e continuava a atacar.

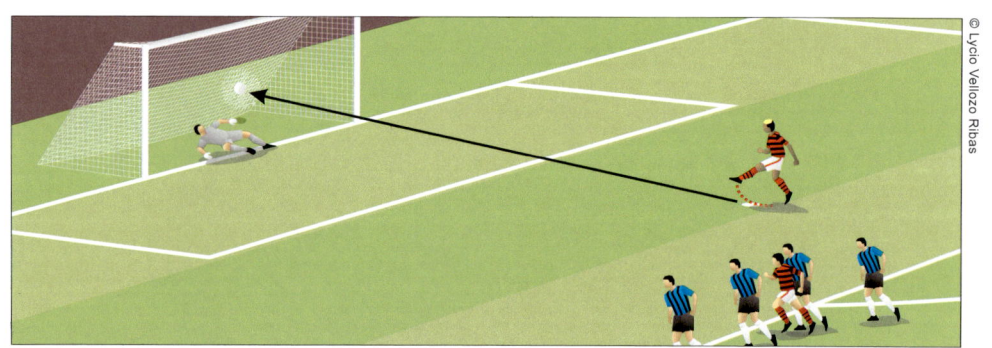

Gabigol bate pênalti com tranquilidade: desloca Paulo Victor e bota a bola no canto esquerdo do goleiro.

Arrascaeta cobra escanteio, Pablo Marí ganha de Geromel e cabeceia com força para marcar Flamengo 4 X 0.

Everton Ribeiro cobra falta pela esquerda, Rodrigo Caio engana Kannemann na marcação e aparece sozinho para cabecear no primeiro pau. A bola ainda quica antes de entrar no canto esquerdo do gol de Paulo Victor: 5 X 0.

23/11/2019
FLAMENGO 2 X 1 RIVER PLATE

Local: Estádio Monumental, Lima (PER)
Árbitro: Roberto Tobar (CHI)
Renda: não divulgada
Público: não divulgado
Gols: Borré 14' do 1º tempo; Gabriel 43' e 46' do 2º tempo.
Cartões amarelos: Pablo Marí, Rafinha, Gabriel, Casco, Suárez e Enzo Pérez.
Cartões vermelhos: Palacios e Gabriel.

Flamengo: Diego Alves, Rafinha, Rodrigo Caio, Pablo Marí e Filipe Luís; Willian Arão (Vitinho), Gerson (Diego), Arrascaeta (Piris da Motta) e Everton Ribeiro; Bruno Henrique e Gabriel. **Técnico:** Jorge Jesus.
River Plate: Armani, Montiel, Martínez Quarta, Pinola e Casco (Díaz); Nacho Fernández (Álvarez), Enzo Pérez, Palacios e De La Cruz; Borré (Pratto) e Suárez. **Técnico:** Marcelo Gallardo.

Bruno Henrique arrasta quatro marcadores e percebe a infiltração de Arrascaeta. O uruguaio se antecipa ao zagueiro Pinola e toca na direção do segundo pau. Gabriel, livre, empata o jogo aos 43 minutos do 2º tempo.

Lançamento de Diego para Gabigol: o centroavante disputa a bola com Pinola, ganha no corpo e induz o argentino ao erro. A bola mal-afastada cai no pé esquerdo do centroavante e ele vira o jogo aos 46 minutos do 2º tempo!

17/12/2019
FLAMENGO 3 X 1 AL-HILAL

Local: Estádio Khalifa, Doha (CAT)
Árbitro: Ismail Elfath (EUA)
Renda: não divulgada
Público: 21.588
Gols: Al-Dawsari 17' do 1º tempo; Arrascaeta 3', Bruno Henrique 32' e Al-Bulayhi (contra) 36' do 2º tempo.
Cartões amarelos: Bruno Henrique, Pablo Marí, Diego, Giovinco, Al-Bulayhi e Al-Dawsari.
Cartão vermelho: Carrillo.

Flamengo: Diego Alves, Rafinha, Rodrigo Caio, Pablo Marí e Filipe Luís; Willian Arão, Gerson (Diego), Arrascaeta (Piris da Motta) e Everton Ribeiro; Bruno Henrique (Vitinho) e Gabriel. **Técnico:** Jorge Jesus.
Al-Hilal: Al-Muaiouf, Al-Burayk, Jang Hyun-Soo, Al-Bulayhi e Al-Shahrani; Carlos Eduardo, Cuéllar, Carrillo e Al-Dawsari (Al-Abid); Giovinco (Kharbin) e Gomis (Otayf). **Técnico:** Razvan Lucescu.

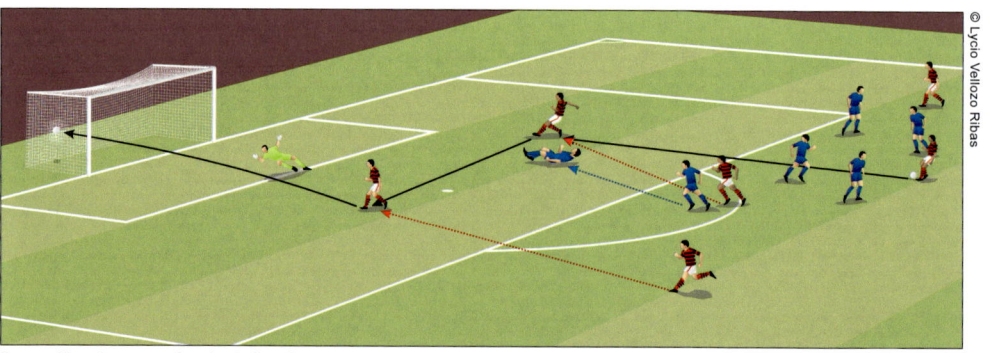

Bruno Henrique recebe de Gabigol na área, atrai a marcação e rola para Arrascaeta empatar contra o Al-Hilal.

Rafinha avança pela direita e cruza no primeiro pau para Bruno Henrique, de cabeça, virar o jogo em Doha.

Bruno Henrique recebe de Diego, vai até a linha de fundo e cruza. Al-Bulayhi se apavora e marca contra.

21/12/2019
LIVERPOOL 1 X 0 FLAMENGO

Local: Estádio Khalifa, Doha (CAT)
Árbitro: Abdulrahman Al-Jassim (CAT)
Renda: não divulgada
Público: 45.416
Gols: Roberto Firmino 8' do 1º tempo da prorrogação.
Cartões amarelos: Mané, Salah, Firmino, Milner, Vitinho e Diego.
Liverpool: Alisson, Alexander-Arnold, Gomez, Van Dijk e Robertson; Henderson, Chamberlain (Lallana) e Keita (Milner); Salah (Shaqiri), Roberto Firmino (Origi) e Mané. **Técnico:** Jürgen Klopp.
Flamengo: Diego Alves, Rafinha, Rodrigo Caio, Pablo Marí e Filipe Luís; Willian Arão (Berrío), Gerson (Lincoln), Arrascaeta (Vitinho) e Everton Ribeiro (Diego); Bruno Henrique e Gabriel. **Técnico:** Jorge Jesus.

Samuel era lateral direito e sua principal referência na posição era Léo Moura. Surgiu no projeto Bom de Bola, coordenado pelo tio dele, Milton, em São João de Meriti (RJ). No Flamengo, venceu a Copa Nike e o Campeonato Carioca Sub-15.

O volante Jorge veio do Democrata de Além Paraíba (MG) para o Flamengo em 2016, aos 12 anos. Tornou-se capitão do time sub-15 graças à sua personalidade: "Marra é o que você tem, eu tenho postura".

O atacante Athila nasceu em Lagarto (SE) e queria repetir o sucesso de Diego Costa. O garoto do Ninho foi homenageado com uma estátua no Povoado Brasília, bairro onde nasceu.

O zagueiro Arthur nasceu em Volta Redonda, no Rio de Janeiro. O nome foi uma escolha da mãe, Marília, rubro-negra decidida a homenagear seu maior ídolo, Zico. Estava no Flamengo desde 2017 e chegou a ser convocado para a Seleção Sub-15.

Christian Esmério era goleiro e tinha muito talento para pegar pênaltis. Na final da Copa Nike, em 2018, defendeu duas cobranças contra o São Paulo e foi decisivo para o título. Foi campeão do Estadual Sub-15 (troféu que ele segura na foto) e chegou à Seleção Sub-15.

O nome de Rykelmo foi escolhido pelo pai dele, fã do argentino Riquelme. O menino se tornou o capitão do time sub-17 do Flamengo, onde era mais conhecido pelo apelido Bolívia. A mãe dele, Rosana, o definiu como "guerreiro, sonhador, humilde e responsável".

Pablo Henrique nasceu em Oliveira (MG). A timidez fora de campo dava lugar a um zagueiro de liderança natural, que aos 11 anos já enfrentava meninos de 14. A maior referência de Pablo era seu primo Werley, zagueiro do Vasco.

Gedinho nasceu em Itararé (SP). Franzino, era muito veloz e protegia bem a bola. Era um ótimo aluno e vinha de uma família muito religiosa. Conseguiu destaque pelo Athletico Paranaense e mudou-se para o Ninho apenas dois dias antes do incêndio.

Beno saiu de Indaial (SC) para realizar o sonho da família Pisetta, toda rubro-negra. O jovem goleiro defendia o Athletico Paranaense, quando foi convidado pelo Flamengo e mudou-se para o Rio com 14 anos. Segundo o irmão dele, Murilo, Beno "era gigante no tamanho, no caráter e na humildade".

Vitinho tinha 15 anos. Alegre fora de campo, encarava o futebol com muita seriedade. O jovem atacante queria dar uma vida melhor para dona Josete, a avó que o criou na ausência dos pais.

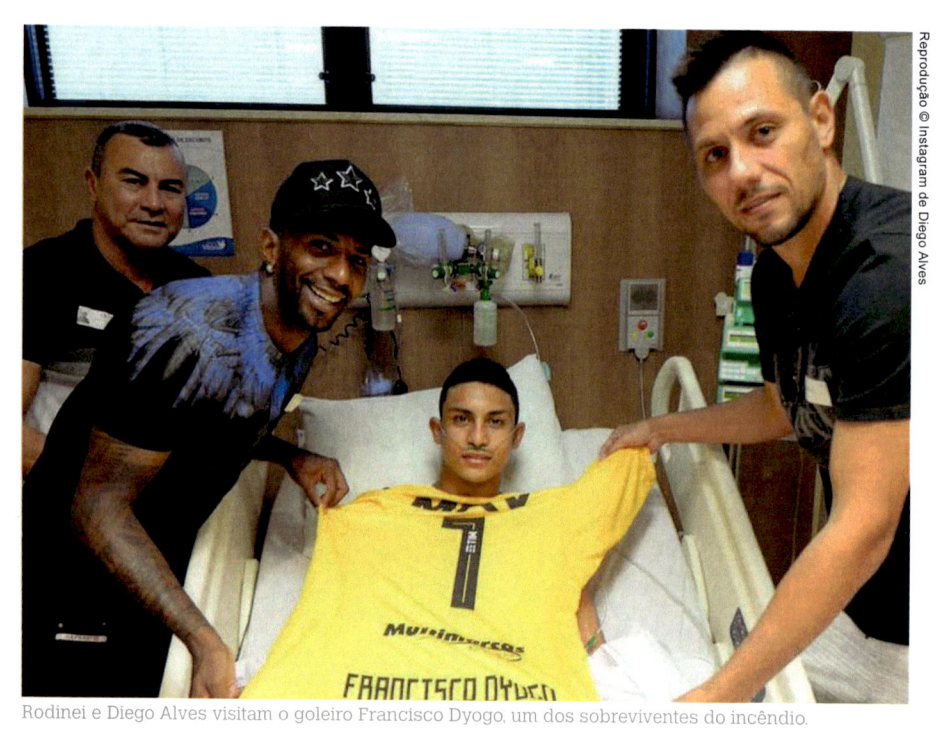

Rodinei e Diego Alves visitam o goleiro Francisco Dyogo, um dos sobreviventes do incêndio.

Diego e Juan levam apoio ao zagueiro Jhonata Ventura, que escapou com graves queimaduras.

área. Ele dominou a bola, girou e bateu cruzado de pé direito, ampliando a vantagem rubro-negra para 3 X 0.

Nem assim a LDU passou a ameaçar. Só chegou perto de diminuir aos 42, quase sem querer: Arão foi tentar cortar um cruzamento e jogou contra o próprio gol. Diego Alves, acrobático, deu um tapa na bola e a jogou para escanteio. Parecia que os rubro-negros só poderiam se complicar sozinhos, o que ficou comprovado quando Miguel Trauco repetiu Diego e cometeu outro pênalti bobo aos 44 minutos do segundo tempo. O lateral peruano, que substituiu Renê, deu uma joelhada por trás em Freire, que estava de costas para o gol e não oferecia perigo. O cobrador seria Cristian Borja, atacante colombiano de passagem fugaz pelo Flamengo em 2010 (sete jogos, nenhum gol). A torcida voltou a gritar o nome de Diego Alves, mas Borja deslocou o goleiro rubro-negro na cobrança e o jogo ganhou números finais: Flamengo 3 X 1 LDU, no dia em que o time da Gávea completava cinquenta jogos de Libertadores no Maracanã.

O bom início na competição sul-americana não amenizava a pressão sobre Abel Braga. O treinador dispunha de um elenco de alta qualidade, mas ainda não conseguia fazer com que o Flamengo jogasse em um nível compatível com as peças que tinha em mãos. E mais: sua relutância em utilizar Arrascaeta, contratação mais cara da história do futebol brasileiro, era motivo de muitos questionamentos.

No dia 27 de março, na semifinal da Taça Rio, Abel passou mal e deixou o Maracanã de ambulância antes do apito final de Flamengo 2 X 1 Fluminense. Levado ao Hospital Pró-Cardíaco, em Botafogo, constatou-se uma arritmia, problema corrigido com um procedimento cirúrgico simples. Por conta disso, o técnico não pôde comandar o time na final da Taça Rio contra o Vasco, preservando-se de fortes emoções. O Flamengo, com o time reserva, perdia por 1 X 0 do Vasco até 48 minutos do segundo tempo, quando Arrascaeta marcou de cabeça e levou a final para os pênaltis – um gol muito parecido com o de Rondinelli, também contra o Vasco, que valeu o título estadual de 1978. Nas penalidades, deu Flamengo, 3 X 1. César pegou um pênalti e Arrascaeta acertou sua cobrança, reforçando o caráter heroico de sua participação na final do segundo turno do Campeonato Estadual.

ARRASCAETA

> É fundamental pra um jogador fazer gol importante numa final, conquistar um título. Dá uma confiança extra. Eu estava chegando num clube muito grande, necessitava dessa confiança de estar dentro do campo e completar a partida. Foi um jogo difícil, que a gente acabou empatando no último lance e ganhando nos pênaltis. Aos poucos, a gente foi se tornando um time muito bem-encaixado.

O terceiro capítulo da saga rubro-negra na Libertadores 2019 seria no dia 3 de abril, de novo em casa, contra um velho e traiçoeiro adversário. Se já não contava mais com os times espetaculares das décadas de 1960 e 1980, o Peñarol ainda ostentava uma das camisas mais pesadas da América do Sul. Cinco vezes campeão da América, o time de Montevidéu havia vencido na rodada anterior e poderia chegar à liderança do grupo caso vencesse no Maracanã.

Poucas horas antes de a bola rolar, houve um incidente trágico: dois ônibus de uruguaios se envolveram em uma briga com torcedores do Flamengo que tinham chegado do Espírito Santo. O resultado foram cenas de terror na praia do Leme. O agente de turismo Roberto Vieira de Almeida, que tinha organizado uma excursão ao Rio de Janeiro com rubro-negros de Vitória, Espírito Santo, acabou brutalmente agredido ao tentar separar a briga. Passaria os dez meses seguintes no hospital e de lá não saiu: faleceu em fevereiro de 2020, aos 54 anos de idade.

No Maracanã, com 66.716 torcedores presentes, o Flamengo contava com a volta de Abel. O time era o mesmo que venceu a LDU (Diego Alves, Pará, Rodrigo Caio, Léo Duarte e Renê; Cuéllar e Willian Arão; Everton Ribeiro, Diego e Bruno Henrique; Gabigol) e começou o jogo ocupando o campo ofensivo, dificultando a saída de bola uruguaia. Quando estava com o passe, porém, não conseguia encontrar espaços entre as bem-organizadas linhas de marcação do Peñarol. A primeira chance real surgiu aos 13 minutos, em lançamento de Diego para Gabriel na ponta esquerda. O centroavante invadiu a área e chutou cruzado, mas a bola passou à esquerda do goleiro Dawson. Os espaços para criar eram poucos e só aos 29 Everton Ribeiro conseguiu acionar Gabigol na área pela direita. Sem ângulo, o chute acabou na rede pelo lado de fora.

Com toda essa dificuldade, a melhor opção para o Flamengo era a bola parada. Em falta na intermediária aos 34, Diego tentou acionar Rodrigo Caio pelo alto, mas o lançamento foi comprido demais. Sete minutos depois, outra falta para o camisa 10 bater, dessa vez em cobrança direta, mas a bola carimbou a barreira. O rebote da falta ainda gerou um contra-ataque do Peñarol e a melhor chance de todo o primeiro tempo. Everton Ribeiro perdeu a posse no campo de ataque e Brian Rodríguez avançou pela ponta esquerda aproveitando a defesa desarrumada. Da linha de fundo rolou para Canobbio, livre, bater forte e parar numa defesa milagrosa de Diego Alves.

A última chance do primeiro tempo, porém, foi rubro-negra, aos 48. Em jogada ensaiada, Everton Ribeiro levantou na área para Rodrigo Caio, que cabeceou na direção de Gabigol. O camisa 9 tentou raspar de cabeça e confundiu o goleiro Dawson, que deu dois tapinhas desajeitados na bola para evitar o gol. Bruno Henrique esperava livre caso o arqueiro uruguaio falhasse.

Quinze ônibus com torcedores do Peñarol só conseguiram acesso ao Maracanã no intervalo de jogo. A torcida *carbonera* chegou cantando e passando confiança ao time, que teve a primeira chance no segundo tempo em chute fortíssimo de Canobbio disparado de fora da área. A bola passou perto da trave direita de Diego Alves. Os rubro-negros só responderiam aos dez minutos, quando Pará tabelou com Arão e, da linha de fundo, cruzou da direita para Gabigol estufar a rede. Mas o chute de primeira não foi comemorado, já que o assistente assinalou, corretamente, a posição de impedimento do centroavante.

O jogo chegava à metade do segundo tempo e as chances de vitória diminuíam. Abel decidiu trocar o volante Willian Arão por Vitinho, dando mais uma opção de ataque pela ponta. Subindo mais ao ataque, o Flamengo deixava espaços. Aos 24 minutos, Brian Rodríguez aproveitou a ausência de Pará e avançou na ponta esquerda até finalizar rasteiro. Diego Alves salvou com os pés.

Aos 29 do segundo tempo, o jogo mais difícil do Flamengo na Libertadores até então se complicou ainda mais por conta de Gabigol. Em uma tentativa de colaborar com a marcação, o atacante se excedeu e deu um carrinho violentíssimo em Rojo, o que lhe rendeu uma *tarjeta roja* (cartão vermelho).

Pelo desenrolar do jogo, o empate já não parecia um mau resultado para o rubro-negro. Percebendo a fragilidade do mandante, o técnico do Peñarol, Diego López, sacou um volante (Guzmán Pereira) e apostou em mais um centroavante (o argentino Viatri, ex-Boca Juniors) a dez minutos do fim. A ousadia foi premiada aos 42 da segunda etapa, quando Hernández avançou pela esquerda e cruzou nas costas dos zagueiros. Renê tentou fechar e acompanhar Viatri, mas o atacante cabeceou para o chão. A bola quicou e morreu no ângulo, sem que Diego Alves pudesse evitar o gol. Abel Braga terminou o jogo com uma alteração ainda a fazer. Arrascaeta terminava o jogo de colete, no banco, e o resultado adverso minava ainda mais a situação do treinador do Flamengo. A liderança do Grupo D agora era do Peñarol, com os mesmos seis pontos do Flamengo, mas à frente no saldo de gols.

ARRASCAETA

A gente tem que acatar decisões do treinador e respeitar os companheiros que entram em campo. Mas eu nunca vou ficar contente estando no banco. Então, na hora certa, eu teria que aproveitar minha chance dentro do campo.

RODRIGO CAIO

Foi um banho de água fria. A gente teve grandes oportunidades no primeiro tempo, algumas no segundo e acabamos tomando um gol no fim. Deixou um clima estranho no Maracanã. Trouxemos um peso muito forte pra cima do grupo, já que teríamos que jogar duas partidas fora de casa, uma dificuldade muito grande.

WILLIAN ARÃO

O jogo estava 0 X 0. Mesmo com um a menos, a gente estava atacando e levamos o gol num contra-ataque! Tínhamos vencido duas, uma fora e outra em casa, e todo mundo falava que com dez pontos estaríamos classificados. Se a gente "fechasse a casinha", mesmo que a torcida nos vaiasse, dava pra fazer um ponto. E depois tinha o San José em casa, com grandes chances de a gente ganhar e chegar a dez pontos. A derrota complicou um pouco a nossa situação, mas nos ajudou a amadurecer.

Na semana seguinte, um adversário perfeito para reagir na Libertadores: o San José. Dessa vez, os 3.735 metros de altitude de Oruro, não influenciaram o jogo: o time boliviano estava ao nível do mar e dentro de um caldeirão rubro-negro com mais de 64 mil torcedores nas arquibancadas. A ausência de Gabigol, suspenso, foi suprida com o deslocamento de Bruno Henrique para a posição de centroavante. A vaga que sobrou ficou com Arrascaeta, único titular diferente em relação ao time derrotado pelo Peñarol no mesmo Maracanã. Com um minuto de jogo, o uruguaio finalizou pela primeira vez e o goleiro Lampe mandou a bola para escanteio. O próprio Arrascaeta cobrou, Bruno Henrique desviou no primeiro pau e Diego apareceu na segunda trave para abrir de cabeça o placar no Rio de Janeiro.

Marcar o gol cedo foi importante, e ficar com um jogador a mais no lance seguinte só facilitou ainda mais a partida para o Flamengo. O zagueiro Toco era o último homem para deter a arrancada de Bruno Henrique e deteve: só que com uma falta grosseira. O árbitro chileno Piero Maza inicialmente deu cartão amarelo, mas logo mudou de ideia e acabou expulsando o jogador boliviano.

Diante da inferioridade numérica, o San José assumiu postura de franco-atirador. Aos 18 minutos, o time chegou à área do Flamengo numa linda tabela entre Saucedo e Sanguinetti, que tirou Léo Duarte do lance com um toque de calcanhar, meteu um drible da vaca em Rodrigo Caio e só não fez um golaço porque Diego Alves impediu. No rebote, não houve o que fazer com o chute de Saucedo. Tudo igual no Maracanã.

WILLIAN ARÃO

> Por mais que você saiba que vai pegar um time que não tem tanta qualidade, não dá pra relaxar! Libertadores é assim. Às vezes o time parece estar morto, mas os caras acham um gol e te complicam. Aí já vem aquele sentimento de dúvida. Por alguns segundos, alguns minutos, ficamos: "Caramba! E agora?".

A diferença técnica abissal entre as equipes fazia crer que o segundo gol do Flamengo era questão de tempo. E ele veio depois de quatro finalizações frustradas, já aos trinta minutos. Everton Ribeiro arrancou no mano a mano com o zagueiro Juárez e foi desarmado na meia-lua ao tentar o drible. A sobra, no entanto, ficou com Bruno Henrique, que devolveu a bola ao camisa 7. De costas para o gol, Everton Ribeiro girou e chutou de pé direito. A bola morreu devagar no canto direito de Lampe. Hierarquia restaurada no placar.

Até o final do primeiro tempo o Flamengo ainda perderia três chances, uma delas claríssima com Bruno Henrique chutando para fora com o gol vazio. Além do preciosismo, o time levaria mais dois sustos com Ramallo e Saucedo, e sairia para o intervalo sob merecidas vaias.

O Flamengo voltou aceso para a segunda etapa. Arrascaeta criou duas oportunidades para Bruno Henrique finalizar e também teve a sua chance, concluindo a jogada iniciada por Diego. Aos 11 minutos, Everton Ribeiro avançou pela direita e cruzou para a área. O uruguaio ajeitou no peito e soltou uma pancada de pé direito indefensável para Lampe. Gol comemorado em tom de desabafo pelo tímido meia em busca de um lugar entre os titulares.

O quarto gol poderia ter saído na finalização de Diego que acabou na rede pelo lado de fora aos 19 minutos, ou até com Rodrigo Caio, que cabeceou a bola no travessão aos 22. Mas saiu aos 34, dos pés de dois jogadores muito contestados pela torcida. Pará tabelou com Willian Arão pela ponta direita e foi até a linha de fundo para servir Everton Ribeiro, que concluiu de primeira e ampliou a vantagem rubro-negra. Logo depois do gol, Everton foi substituído por Lucas Silva e deixou o gramado do Maracanã aplaudido de pé.

EVERTON RIBEIRO

Ali foi um jogo que ficou marcado por termos goleado. Fiz dois gols e joguei muito bem, mas infelizmente ali ficou marcado também como o começo das dores que senti ao longo do ano. Numa dividida no meio-campo, tomei um chute no dedinho do pé esquerdo, que acabou quebrando. Isso causou outras lesões, uma no meu tendão, outra óssea no meu pé.

A partir daquele dia comecei a jogar com o dedinho quebrado. Fiz uma ressonância que não pegou a fratura. O dedo tava inchado, mas a gente achou que era da pancada. Joguei três meses nessas condições.

O Flamengo manteve o pé no acelerador e chegou ao quinto ainda aos 38 minutos. Willian Arão foi puxado por Gutiérrez na área e o árbitro marcou pênalti. Vitinho, que tinha substituído Diego um pouco antes, bateu com força no canto direito e não deu a menor chance ao goleiro Lampe. Ainda haveria tempo para um sexto gol do Flamengo, outra vez em jogada criada por Pará. O lateral alcançou a linha de fundo e tentou cruzar para Vitinho, mas Gutiérrez foi tentar cortar e acabou marcando contra. Goleada finalizada em 6 X 1 e liderança do grupo com os mesmos nove pontos do Peñarol, mas com melhor saldo de gols que os uruguaios (7 X 4). A LDU, com quatro, ainda mantinha vivas suas chances de classificação para as oitavas. E o San José, com um ponto, estava eliminado com duas rodadas de antecedência.

Pouco atraente financeiramente, mas considerado obrigação para manter a altivez contra os rivais, o Campeonato Carioca dava ao Flamengo a primeira chance de título em 2019. O jogo de volta da final contra o Vasco foi no domingo de Páscoa, e os rubro-negros podiam administrar a vantagem de 2 X 0 construída na primeira partida. Mas não se contentaram com isso: Willian Arão marcou o primeiro gol do Flamengo de cabeça, aproveitando cruzamento de Arrascaeta em cobrança de falta aos 15 minutos. Aos 37 do segundo tempo, Vitinho aproveitou ótima enfiada de bola de Diego para bater na saída de Fernando Miguel e assegurar o 35º título carioca do Flamengo.

VITINHO

> A gente chegou totalmente confiante pra partida. Sabendo o que explorar, o que fazer. Foi o primeiro gol que eu fiz numa final, e o gol que fechou o caixão. Entro no jogo com 1 X 0 a nosso favor. O Vasco precisava fazer o gol e se expôs bastante. Recebo um passe do Diego, que me coloca na cara do gol, e a gente pode celebrar nosso primeiro título do ano. Sempre bom fazer gol em clássicos, melhor ainda na final!

WILLIAN ARÃO

> É um momento marcante da minha vida. Quem não quer fazer um gol com a camisa do Flamengo no Maracanã lotado numa final contra o Vasco? O cruza-

mento foi do Arrascaeta, eu pude atacar a bola e fazer o primeiro gol. A gente estava jogando muito bem e merecia aquele título.

Outra cena marcante do título foi uma surpresa na hora de levantar o troféu. Diego entregou a faixa de capitão para um ídolo que encerrava a carreira: Juan, zagueiro que somava 331 partidas pelo clube da Gávea. Vestindo uma camisa branca com o número 35 às costas (total atualizado de conquistas rubro-negras no Estadual do Rio), o zagueiro ergueu a taça e teve o nome gritado por torcida e companheiros.

DIEGO

Eu queria honrá-lo por toda a trajetória dele. Independentemente de estar jogando ou não, o Juan tem uma história muito bonita, era o mínimo que eu poderia fazer. Queria que ele pudesse sentir o que ele representa pra nós jogadores e para o clube. Fui um privilegiado de ter tido essa oportunidade de passar a faixa de capitão pra ele, porque ele era o capitão de fato. Mais do que merecidamente, o Juan levantou aquele troféu.

Apesar da festa, a conquista não disfarçou a olhos mais atentos a vulnerabilidade do time, que sofreu 18 finalizações de um rival muito inferior tecnicamente. Foram os talentos individuais que resolveram a final para o Flamengo, que se aproximava de maio sem que Abel conseguisse dar ao time um padrão tático convincente.

Três dias depois da final do Carioca, o Flamengo voltava a jogar na altitude, agora nos 2.850 metros de Quito. À LDU só interessava a vitória, e um empate já garantiria o Flamengo matematicamente nas oitavas de final. Arrascaeta agora figurava entre os titulares, ocupando a posição que era de Diego no meio-campo. Abel Braga, suspenso, veria o jogo das cabines e deixaria a área técnica para seu auxiliar, Leomir. No túnel, pouco antes do jogo, Diego Alves alertava: "A segunda bola tem que ser nossa! Cuéllar, Arão, vamos jogar no meio! Atenção para a segunda bola!".

Os equatorianos não tinham dado trabalho no Maracanã, mas começaram o jogo no estádio Casa Blanca marcando forte. Os dois times acumulavam passes errados, e a primeira chance concreta do Flamengo só aconteceu aos 18 minutos. Pará chegou ao campo de ataque pela direita e enxergou Bruno Henrique se infiltrando na área. O cruzamento veio de longe, mas foi certeiro. A cabeçada do atacante rubro-negro desviou no braço antes de ir para o chão. O goleiro Gabbarini ainda tocou na bola, mas o Flamengo estava na frente em Quito.

As subidas de Pará, porém, abriam caminho para bolas nas costas. Em uma delas, Cruz recebeu livre na ponta esquerda e entrou com espaço na área. Em vez de chutar direto, serviu Julio um pouco antes da pequena área, e o meia chapou de pé esquerdo. A bola incrivelmente encobriu o travessão. A LDU continuou incomodando e, aos 31, Quintero não se importou com a distância, mandou um chutaço a 25 metros do gol e Diego Alves rebateu para o meio da área. Gabigol fez o serviço de zagueiro e impediu que os equatorianos aproveitassem o rebote. Três minutos mais tarde, Quintero tentou mais de perto, agora de cabeça após falta batida por Intriago: a bola passou por cima do gol.

O Flamengo esperava a hora certa para contra-atacar e ela chegou aos 36 minutos. Gabigol lançou do meio-campo e Bruno Henrique venceu dois zagueiros na corrida. Na conclusão, o chute foi defendido em dois tempos por Gabbarini. Everton Ribeiro, que vinha tendo dificuldades para sair da marcação no primeiro tempo, teve seu melhor momento aos 44. Após receber de Willian Arão na intermediária, o camisa 7 avançou em direção à meia-lua e bateu forte: a bola tocou no pé da trave esquerda e saiu. Faltou pouco para um belo gol.

O árbitro deu três minutos de acréscimos, e a dez segundos do fim do tempo adicional o zagueiro Carlos Rodríguez deu um chutão do campo de defesa da LDU. Desatenta, a zaga do Flamengo não conseguiu fazer a linha de impedimento. O atacante Anangonó, que não pôde sair do Equador para jogar no Maracanã por falta de pagamento de pensão alimentícia, acreditou na jogada e chegou antes de Léo Duarte.

DIEGO ALVES

> A gente estava ganhando, o jogo estava muito bem-controlado. A bola caiu nas costas da zaga e, quando foi quicar, ficou presa. Tinha como se fosse uma poça, a bola não correu. Era um campo muito fofo, a bola não quicava. E a

gente já tinha alertado no aquecimento. O atacante conseguiu chegar primeiro e fazer o gol.

O chute passou entre as pernas de Diego Alves e deixou tudo igual em Quito. Logo depois do gol, o árbitro Néstor Pitana encerrou o primeiro tempo e foi cercado por Willian Arão e Everton Ribeiro, que pediam impedimento de Anangonó no lance do gol. Reclamação infundada, já que Pará dava condição de jogo ao equatoriano.

EVERTON RIBEIRO

> Jogar na altitude é sempre difícil, então tínhamos estudado bastante a equipe deles. A gente se cobrou muito dentro do vestiário. Aquilo não podia acontecer, sabíamos que na Libertadores não podia dar essas brechas. De uma hora pra outra, tudo podia virar. A gente já tinha passado por isso nos anos anteriores.

A atuação apagada de Arrascaeta no primeiro tempo fez com que Leomir e Abel apostassem em Diego para os 45 minutos finais. A primeira chance do segundo tempo foi com Renê, aos três minutos. Batida fácil para a defesa de Gabbarini. O técnico da LDU mexeu no ataque e no meio-campo, para onde apostou em Chicaiza para a vaga de Julio. O time de Quito passou a dominar o setor dali para a frente, e Chicaiza infernizou a vida dos marcadores. Aos 14, ele tabelou com Anangonó e invadiu a área, mas foi atrapalhado por Léo Duarte no momento de concluir. A troca de Gabigol por Vitinho não mudou muita coisa. A pressão da LDU seguiu até os 27, quando Quintero cruzou da direita. Diego Alves saiu de soco e a bola caiu nos pés de Chicaiza no lado esquerdo da área. O camisa 10 carregou a bola para a meia-lua, deixando Cuéllar e Everton Ribeiro para trás. O disparo de pé direito era defensável, mas Diego Alves demorou a reagir: LDU 2 X 1 Flamengo.

EVERTON RIBEIRO

> Entrou um meia lá, que tem até o apelido de Ronaldinho do Equador. A gente sabia que ele tinha qualidade, mas quando entrou, meio "fortinho", meio fora de forma, a gente falou: "Não é possível que a gente vai tomar gol dele!".

E não foi que ele saiu cortando todo mundo? Até tirei o corpo pra não fazer a falta nele, porque sabia que ele tinha qualidade na batida, e ele acertou um belo chute.

Ainda havia tempo para buscar o empate. Bruno Henrique foi para o ataque sem companhia, tentou driblar o zagueiro na meia-lua e chutou de canhota. A bola foi defendida por Gabbarini. Já com 33, Vitinho fez linda jogada individual pela esquerda, driblando dois adversários até chegar na área e bater para nova defesa do goleiro do time equatoriano.

VITINHO

Eu recebo a bola na ponta, vem um marcador e dou uma meia-lua nele. Pedalo pra cima do zagueiro e na hora que vou finalizar, a bola fica meio que presa numa "laminha". Quando eu chuto, ela já não sai com tanta força como eu me preparei pra bater.

Diego Alves, com dores nas costas, pediu substituição e deu lugar a César. Não havia mais gás, exceção feita a Cuéllar, o mais resistente entre os rubro-negros. Pará esgotava a paciência da torcida, que rezava àquela altura para que os rumores da contratação de Rafinha, do Bayern de Munique, se concretizassem. A derrota para a LDU por 2 X 1 estava selada e só não tinha sido pior porque o eliminado San José fez 3 X 1 no Peñarol. Com isso, o Flamengo precisaria de um empate contra os uruguaios em Montevidéu para seguir na Libertadores. Ambos tinham nove pontos, mas o Flamengo contava com melhor saldo. A LDU, com sete pontos, também estava no páreo.

DIEGO ALVES

A gente sentiu bastante essa derrota para a LDU. Na época, tinha essa obsessão do torcedor. Os jogadores carregavam uma certa pressão de ter que se classificar rápido, passar de fase, de ser campeão. Isso já vinha de anos anteriores e pressionava todo mundo. A gente ia ter um último jogo contra o Peñarol lá no estádio deles.

RENÊ

> Aquela derrota em Quito deu uma baqueada, a gente não contava com isso. O mínimo que pensávamos era trazer um empate. Junto com a derrota que a gente tinha sofrido pro Peñarol no Maracanã, foi um baque muito grande na Libertadores.

"Não tem jeito! Tem que passar esse obstáculo! Não tem como ser campeão da Libertadores sem passar por isso!" As palavras de incentivo gritadas por Marcos Braz no túnel de acesso ao gramado do estádio Campeón del Siglo, em Montevidéu, davam a exata noção do que significava aquele Peñarol X Flamengo. O Uruguai, que tinha servido de campo neutro para o terceiro jogo entre Flamengo e Cobreloa na final da Libertadores de 1981, agora era tudo, menos neutro.

RODRIGO CAIO

> As palavras do Braz foram a mais pura realidade. Libertadores é muito isso. Você vai jogar com os uruguaios, os argentinos, é uma pressão muito grande. Um clima totalmente diferente do que a gente costuma ver no Brasil. Esse era o maior desafio nosso. Estar preparado para as dificuldades na hora que o bicho pegasse.

Todo de branco, o Flamengo veio a campo sem Diego Alves, substituído por César. Pará, Léo Duarte, Rodrigo Caio, Renê; Cuéllar, Willian Arão, Everton Ribeiro, Arrascaeta; Bruno Henrique e Gabigol completavam o time de Abel, agora de volta à área técnica. Quem esperava um Flamengo cauteloso no começo de jogo levou um susto logo no primeiro minuto. Everton Ribeiro puxou contra-ataque pela direita e tocou para Arrascaeta na entrada da área. O uruguaio parecia preparar uma finalização, mas o que saiu da cartola foi um passe genial para Gabigol. Um toque para dominar, um tapa de canhota para fazer o primeiro... mas a bola saiu a centímetros da trave direita. A obrigação de vencer era do Peñarol, que conseguiu chegar à área dos visitantes aos sete minutos. Brian Rodríguez driblou Arão na ponta esquerda e mandou um chutaço perigoso, à direita de César.

Era de Everton Ribeiro a missão de puxar os contra-ataques, e ele iniciou mais um aos 16. Rasgando pelo meio, tabelou com Gabigol já na grande área e rolou para o segundo pau, onde Bruno Henrique fechava de carrinho. O atacante chegou alguns centésimos de segundo atrasado e o gol não saiu. O Peñarol tentava chegar em bolas paradas, mas a dupla de zaga rubro-negra era soberana pelo alto. O Flamengo criou uma oportunidade de novo aos 22, quando Arrascaeta sentiu espaço para a projeção de Gabigol e lançou para o centroavante. O chute de canhota, um pouco antes da linha da área, saiu mais alto do que o camisa 9 esperava.

A camisa aurinegra do outro lado era pesada, daquelas que entortam varal. E entortar era o que Brian Rodríguez fazia com Pará na ponta esquerda. Após deixar o lateral do Flamengo falando sozinho aos 34, Brian arriscou mais uma vez à direita de César. O time da Gávea sempre respondia imediatamente e quase abriu o placar numa ligação direta de Léo Duarte para Bruno Henrique. A bola aérea foi cortada de maneira desajeitada pelo goleiro Dawson, que cedeu escanteio. Bruno procurava o jogo sempre pela esquerda, e de lá cruzou para Gabigol, que armou um voleio que não se concluiu por causa do corte de Lema. No rebote, o Flamengo só engatou toques de primeira: Arão, Arrascaeta, Everton Ribeiro, Arão novamente na área para bater forte e cruzado. Gabigol, mesmo impedido, não alcançou. Seria um golaço no Campeón del Siglo!

> **ARRASCAETA**
>
> A gente teve oportunidade de definir o jogo rápido. Quando se enfrenta um time grande assim, tem que tentar matar o jogo logo, porque numa bola aérea eles conseguem um gol e você fica fora da Libertadores, o que a gente não merecia. É um estádio bem difícil de jogar, a torcida do Peñarol é *increíble*!

O repertório do Peñarol era limitado. Em cobrança de falta pela esquerda, Hernández jogou para a área aos 41 e Lema tentou o cabeceio. Rodrigo Caio atrapalhou e a bola foi por cima. O árbitro Roberto Tobar, do Chile, deu cinco minutos de acréscimo, tempo suficiente para duas ótimas chances do Flamengo. Aos 46, Gabigol arrancou em diagonal pela ponta direita, abriu o caminho entre quatro zagueiros e bateu de bico, mas Dawson encaixou sem dar rebote. No minuto seguinte, Arrascaeta percebeu a infiltração de Willian Arão na área e enfiou para o volante. O cruzamento saiu com força de chute a gol e Bruno Henrique, livre no segundo pau, não conseguiu chegar. O atacante, desesperado, sinalizou para Arão pedindo o passe rasteiro.

Os primeiros cinquenta minutos de batalha terminavam com um cenário favorável aos rubro-negros. Foram seis chances claras contra apenas uma dos uruguaios, além do domínio de posse de bola, com 57% do total. O grande número de gols perdidos era o único motivo de preocupação. O 0 X 0 também servia para o Peñarol naquele momento, já que LDU e San José também empatavam sem gols em Quito.

O Flamengo voltou do intervalo com a mesma formação e criou sua primeira chance de gol aos cinco minutos. Gabigol e Arrascaeta tabelaram pelo meio e o centroavante tentou o chute de fora da área, mas a bola passou longe. Melhor foi a arrancada de Bruno Henrique pela esquerda, com passe para Everton Ribeiro na área e assistência para Arrascaeta finalizar de canhota e parar no goleiro Dawson.

O segundo tempo continuava favorável ao Flamengo, sempre explorando os espaços deixados pelo Peñarol nas idas ao ataque. Everton Ribeiro comandava as transições rápidas e aos nove deixou Gabigol na cara de Dawson. A batida de pé direito explodiu na perna do goleiro uruguaio. Dois minutos mais tarde foi a vez de Bruno Henrique tentar o gol, em chute de fora da área, mas a bola passou à esquerda das traves.

O torcedor do Peñarol sabia das limitações da equipe em relação à brasileira e mesmo assim empurrava o time a plenos pulmões no estádio Campeón del Siglo. Um gol da LDU em Quito poderia mudar o cenário de classificação e só a vitória interessava.

A primeira boa chegada dos *carboneros* na segunda etapa foi aos 15 minutos, em cruzamento de Hernández pela ponta esquerda. Viatri furou, a bola bateu em Renê e seguia em direção ao gol quando Léo Duarte foi o anjo da guarda que, de costas, conseguiu afastar o perigo. O aparente controle rubro-negro sobre o jogo foi para o espaço quando Pará fez falta dura sobre Brian Rodríguez e recebeu o segundo cartão amarelo aos 18 minutos.

EVERTON RIBEIRO

"Com a expulsão, o pensamento já vai longe. Todo mundo lembrando o histórico do Flamengo de sair na primeira fase. Quando teve a expulsão, isso veio não só na minha cabeça, mas na de todos ali.

RENÊ

"Depois que o Pará foi expulso, eu lembro que nós conversávamos na zaga. "Nós vamos ter que correr pelo Parazinho! Estamos com um a menos, mas não vamos tomar gol hoje, não! Se não tomar gol, a gente se classifica!" Se as coisas não fossem bem naquele jogo, ia ficar difícil pro Parazinho e pra todos nós também.

A expulsão, combinada com o primeiro gol da LDU em Quito, transformou totalmente a atmosfera em Montevidéu. Cobrando a falta que originou o cartão vermelho, Hernández levantou da esquerda e o veterano Cebolla Rodríguez ganhou de Rodrigo Caio pelo alto, mas cabeceou para fora. A LDU marcava de novo, aumentando o desespero uruguaio. Abel tentava recompor a defesa, sacando Bruno Henrique para a entrada de Rodinei.

O Peñarol voltou a ameaçar aos 24 minutos, quando o zagueiro Lema chutou com força de fora da área e viu César encaixar a bola. A pressão dos uruguaios seguiu com bolas alçadas para a área. Numa delas, Viatri ganhou de Léo Duarte e ajeitou para Giovanni González dentro da área. O chute, perigosíssimo, tocou em Renê e foi para escanteio.

O nervosismo era grande entre os jogadores do Flamengo; Renê e Arão chegaram a bater boca. O Peñarol se abria ainda mais, tirando o volante Gargano para a entrada do atacante Canobbio. A LDU já tinha 3 X 0 sobre o San José e a única chance de classificação uruguaia era a vitória.

Brian Rodríguez continuava perturbando o Flamengo pela ponta esquerda; só o nome da vítima tinha mudado: depois de forçar a expulsão de Pará, atormentava Rodinei. O lateral reserva não conseguiu evitar o cruzamento de Brian, que jogou no segundo pau, nas costas de Renê. Cebolla Rodríguez apareceu para cabecear sozinho e tentou encobrir César. O goleiro escorregou e, naquela fração de segundo que levou uma eternidade, viu a bola cair na parte superior da rede.

RENÊ

A sensação depois que a bola bateu na rede pelo lado de fora foi de um alívio muito grande. Quando passou o lance, pedi pro César dar uma segurada. "Deixa eu dar uma respirada aqui que o negócio tá complicado! Calma, faz uma cera aí!" Aquela bola não entrou por pouco!

Em busca de mais velocidade para contra-atacar, Abel sacou Arrascaeta e lançou Vitinho. E para dar estabilidade ao meio-campo, pôs Diego na vaga de Gabigol. As mudanças surtiram efeito e o Flamengo conseguiu estancar a sangria dos minutos pós-expulsão de Pará.

DIEGO

O Abel falou: "Entra, controla o jogo, ajuda a marcar mais no meio-campo, porque eles tão tendo superioridade. Tenta agredir no meio-campo quando tiver a bola pra eles não terem espaço!". Foi o que eu procurei fazer, mas quando você entra num jogo daquele, é uma fumaça! Os caras atacando de tudo que é lado, se arriscando.

Roberto Tobar deu mais cinco minutos de acréscimos. O Peñarol se expunha cada vez mais, e aos 47 Cuéllar meteu bola açucarada para a corrida de Vitinho. Estavam sós, ele e Dawson. O goleiro saiu da área para tentar interceptar a bola e se arrependeu. Ao voltar de marcha a ré, abriu espaço para um óbvio toque por cobertura.

VITINHO

Se eu parar pra pensar, é um dos lances mais bizarros que eu já tive. Era tão simples! Quando o Cuéllar rouba a bola, estou antes do meio-campo. Então não precisava me preocupar com impedimento. Eu saio correndo e ele logo dá o passe. O goleiro ameaça correr, para e depois volta a correr. Pensei em chutar por cima, mas acabei pegando a bola um pouco com o calcanhar. Ela não fez a curva que eu queria pra sair do goleiro. Ele acaba esticando a perna e fazendo a defesa.

Era o nono gol perdido pelo Flamengo no jogo. Chances que a LDU não perdia em Quito, chegando a uma goleada de 4 X 0. Se desperdiçou um gol feito, Vitinho conseguiu forçar a expulsão de Giovanni

González, que levou o segundo cartão amarelo por entrada violenta. Revoltada, a torcida uruguaia começou a atirar objetos no gramado. O árbitro encerrou o jogo e Lema, zagueiro do Peñarol, tentou arranjar confusão com Vitinho.

VITINHO

Os caras já queriam briga. Eu levei a bola pro fundo do campo e tomei um pontapé. A torcida já via a eliminação do Peñarol próxima e jogaram um pacote de bolacha no campo. Eu tentei entregar pro árbitro, aí o goleiro deles ficou bravo comigo. Estavam jogando um monte de coisa dentro de campo e o juiz não tava vendo. E com todo aquele tumulto, o pessoal me tirou achando que eu estava brigando, e eu: "Calma, gente! Eu não tô brigando! Os caras arremessaram um negócio dentro do campo. Isso não pode!".

Os reservas dos dois times entraram em campo, mas não houve nada além de troca de empurrões. A classificação rubro-negra para as oitavas da Libertadores, que parecia fácil duas rodadas antes, tinha chegado com muito sofrimento.

RODRIGO CAIO

A gente fez uma boa partida. No futebol, às vezes as coisas não acontecem da forma que a gente quer. Claro que eu gostaria de ter vencido, 1 X 0, 2 X 0, já ter matado o jogo, mas foi algo que nos ajudou a crescer como equipe. Mostrou que o nosso time era cascudo, que a gente estava preparado pra todos os desafios.

Os representantes dos 16 times classificados se reuniram em Assunção no dia 13 de maio para o sorteio que definiria o confronto das oitavas de final. Primeiro colocado em seu grupo com dez pontos (à frente da LDU pelo saldo de gols), o Flamengo foi para o pote 1 do sorteio e corria o risco de pegar os dois últimos campeões da Libertadores, River Plate e Grêmio, que estavam no pote 2. Não foi o que aconteceu. Mantendo a tradição da Conmebol de convidar jogadores para ajudarem no sorteio, coube a Roque Santa Cruz, atacante do Olimpia, escolher a bolinha com o nome do Flamengo. O adversário do pote 2 já tinha sido sorteado por Juan Quintero, do River Plate: era o Emelec, do Equador.

O vice-presidente de relações externas do Flamengo, Luiz Eduardo Baptista, foi um dos representantes do Flamengo no sorteio. Em entrevista ao repórter André Hernan, do SporTV, Bap disse que evitar um adversário que jogasse na altitude "ficou de bom tamanho", mas elogiou o adversário e disse que não haveria caminho fácil para ninguém. A repercussão do sorteio era a pergunta mais tranquila a ser respondida. As outras eram sobre a ida de Marcos Braz e do CEO Bruno Spindel à Europa para buscar reforços. Rafinha e Filipe Luís eram os nomes mais desejados pela torcida.

FILIPE LUÍS

O contato começou quando o Sávio veio a Madri com os sócios dele, Guilherme Siqueira e Marcos Marinho. Fomos almoçar sem compromisso nenhum, o Siqueira é um grande amigo. Conversávamos sobre mercado e eles comentaram: "Você viria pro Flamengo?". Eu não queria voltar ao Brasil, mas ia ficar livre para assinar pré-contrato com outra equipe e decidi ouvir todas as propostas. Eles comentaram com o Flamengo, que ficou muito interessado.

A partir disso, o Flamengo resolveu ir à Europa. O Marcos Braz e o Bruno Spindel foram conversar comigo e outros jogadores. Em março de 2019, tivemos uma conversa espetacular. Eu ainda tinha alguma possibilidade de ficar no Atlético, tinha outras ofertas na mesa, como a do Borussia Dortmund. Mas a conversa com o Flamengo foi amadurecendo, ficando cada vez mais interessante. Fui convocado pra Copa América e pedi pra esperar o fim da competição pra decidir. Eu sabia que poderia ser minha última convocação e queria aproveitar ao máximo.

Falar sobre os dois laterais mundialmente conhecidos era tarefa bem mais agradável do que abordar a cada vez mais delicada situação de Abel Braga, que vinha sendo muito questionado. "Abel jamais balançou pra gente. Existe um sensacionalismo enorme. Abel é nosso técnico, estamos felizes e orgulhosos, viemos até aqui com ele e vamos com ele", afirmou Bap.

A entrevista de Bap no dia 13 de maio era a segunda manifestação pública para tentar respaldar o treinador. A primeira, numa nota oficial assinada pelo Conselho Diretor de Futebol, veio a público no dia 1º de maio. Com nível de redação primária, a nota exaltava a conquista da Florida Cup, torneio de verão de mínima importância, e o título carioca de 2019. O texto acusava veículos de comunicação (sem dar nomes) e redes sociais de cometer ataques mentirosos e criar crises infundadas às vésperas de jogos importantes.

O Brasileirão já tinha começado e, por conta da perda do título para o Palmeiras em 2018 na reta final, a expectativa da torcida quanto ao campeonato nacional era gigante. O Flamengo estreou derrotando o Cruzeiro por 3 X 1 no fim de abril, mas a derrota de 2 X 1 para o Inter na segunda rodada fez estragos. Não só pelo resultado adverso, mas pela infeliz escolha de palavras feita por Abel Braga na coletiva. O treinador minimizou a derrota, dizendo que perder do Inter em Porto Alegre era normal, e se derramou em elogios ao estádio colorado: "Estádio mais lindo do Brasil. Não tem Maracanã, o de Brasília, nada". Semanas mais tarde, ele reafirmou os elogios à casa do Inter em entrevista à Rádio Gaúcha: "Eu acho o Beira-Rio lindo. Isso ninguém vai mudar na minha cabeça. Podem ficar putos. É o que eu acho e ninguém vai me fazer mudar de opinião. O que eu falo, eu assumo. Não faço média com ninguém".

As rodadas iniciais do Brasileirão 2019 agravaram o desgaste. O Flamengo enfrentou o Atlético Mineiro em Belo Horizonte e perdeu por 2 X 1 mesmo com um jogador a mais em campo durante todo o segundo tempo. Falhas individuais de Rodrigo Caio e Léo Duarte pesaram para a derrota. Somando apenas sete pontos de 15 possíveis, o rubro-negro ocupava o modesto nono lugar, a seis pontos do líder Palmeiras. O jogo seguinte, contra o Athletico Paranaense, ganhava ares de juízo final para Abel. Quando o sistema de som anunciava as escalações no Maracanã, o treinador teve seu nome enfaticamente vaiado. Gabigol marcou 1 X 0, de pênalti, mas o Athletico virou para 2 X 1 com os dois gols de Marcelo Cirino. "Abel! Vai se f...! O meu Flamengo não precisa de você!" e "Ei, Abel! Vai tomar no c...!" eram os cantos que ecoavam cada vez mais alto no Maracanã. Nem mesmo a virada milagrosa com gols de Bruno Henrique aos 44 e Rodrigo Caio aos 51 do segundo tempo acalmaram a revolta da arquibancada. Emocionado, Abel foi abraçado pelos jogadores, mas continuou sendo xingado após a vitória por 3 X 2.

DIEGO ALVES

O Abel é uma pessoa muito querida pelo grupo. Eu sou suspeito pra falar porque foi uma das primeiras pessoas que ligaram pra me convencer a ficar no Flamengo. A gente sabia que a torcida não estava contente com o rendimento. Alternávamos jogos muito bons e às vezes jogos muito ruins, e isso não deixava o torcedor 100% feliz.

Se havia um *timing* ideal para a diretoria agir e mudar o comando técnico, o momento era aquele. A pausa até as oitavas de final da Libertadores permitiria tempo suficiente para uma intertemporada longa e ajustes de elenco. Começou a busca no mercado por um nome para o lugar de Abel, talvez sem a discrição necessária. Três dias depois da vitória sobre o Athletico, Abel alegou que tinha sido traído pelos dirigentes e pediu demissão. Em nota oficial, afirmou: "Jamais estive preparado para covardias e articulações. O que não suporto é traição. [...] Confiança e respeito a gente conquista. E a confiança, quando perdida, nunca se tem de volta".

Numa entrevista coletiva, o presidente Rodolfo Landim disse que Abel tinha tomado a decisão de se demitir após conversar com a família dele. "A gente conversou, eu entendi. Mais recentemente houve um crescente descontentamento que a gente sabe, geral da torcida, por tudo que aconteceu." Meses mais tarde, em entrevista ao canal De Sola, Abel disse com todas as letras que pediu para sair porque descobriu que o clube estava conversando com Jorge Jesus, treinador português de 64 anos.

DIEGO ALVES

Quando saiu aquele zum-zum-zum de troca de treinador, o Abel foi muito honesto. Reuniu o grupo e falou que estava tomando a decisão de deixar o Flamengo. Da maneira dele, como sempre foi, deixou claro que não tinha nada contra os jogadores. Falou abertamente o que sentia e nós ficamos chateados pela situação, mas futebol tem dessas coisas e a gente tem que passar por cima.

RENÊ

O Abel era um cara querido. Fomos pegos de surpresa, na verdade. Ele reuniu a turma na academia e explicou a situação. Disse que pediu pra sair porque tinham ido atrás de outro treinador, mas não disse o nome. Agradeceu a todo mundo, abraçou todo mundo. Saiu ele, ficou o Fera, Marcelo Salles. Mas ali na hora foi um baque, vínhamos de jogos difíceis, mas tínhamos vencido. Abel falou que ia continuar na torcida por nós e pediu que a gente seguisse firme.

EVERTON RIBEIRO

A gente se dava muito bem com o Abel, já tinha entendido o trabalho dele. É um cara vencedor, mas no Flamengo a torcida não gosta muito de jogar fechado. Acabou ficando insustentável. A torcida, junto com a diretoria... às vezes, quem nem fazia muita parte do futebol, criticando. Então teve a mudança.

ARRASCAETA

Acho que o clube não estava convencido da forma que o time estava jogando pela qualidade dos jogadores que a gente tinha. A saída dele surpreendeu, não só a mim. E a gente tem que saber lidar com isso. Que um dia o treinador é um cara, depois um outro.

APOSTA
PORTUGUESA

★★★★★★★★★★★★★★★★★★★★★★★★★

O clube da Gávea já tinha sido treinado por lusitanos em 1947, com Ernesto Santos, e em 1950, com Cândido de Oliveira. Filho de um ex--atacante do Sporting, Virgolino de Jesus, e da dona de casa Maria Elisa (filha de mãe brasileira), Jorge herdou do pai a paixão pelo futebol. Por conta de seus cabelos louros, era chamado de Ruço na Amadora, cidade em que nasceu. O tempo para jogar bola era mínimo, já que além de estudar o menino tinha que trabalhar e ajudar a família. Assim, Jorge Jesus foi ajudante de eletricista e de soldador ao mesmo tempo em que treinava nas categorias de base do Sporting.

Jorge estava à beira da exaustão com a vida tripla quando um episódio acabou convencendo o pai a deixar o filho seguir a carreira de jogador. A história foi contada ao programa *Alta definição*, da TV portuguesa SIC:

> Eu estava nos juniores do Sporting e fui emprestado ao Cova da Piedade. Eu ainda estava a trabalhar na fábrica. Um dia, vinha vindo do treino e minha mãe estava a me dar um prato de sopa. E eu, com o cansaço, caí com a cabeça no prato de sopa. Ela contou ao meu pai, e meu pai no outro dia disse: "Tu vais tomar uma opção". Abandonei a fábrica e comecei os meus primeiros passos como profissional de futebol.

Jorge Jesus começou como profissional no Sporting, rodou por outros 12 clubes portugueses sem muito destaque até decidir seguir o caminho de técnico aos 34 anos. O primeiro convite para a função veio numa situação inusitada. Jesus ainda era jogador do Almancilense. Ao fim de uma partida contra o Amora, o presidente do clube adversário, Mário Rui, perguntou se Jorge Jesus gostaria de dirigir a sua equipe. "Treinador? Sou jogador, como é que tu queres que eu seja treinador? Nem tenho carteira de treinador!". O presidente do Amora, que era açougueiro, disse que viu o jogo do banco de reservas e percebeu que o treinador de fato do Almancilense era Jesus. E manteve o convite ao jogador em final de carreira.

O Amora não tinha dinheiro para pagá-lo, mas Jesus queria construir uma piscina em casa. A diretoria topou a permuta e bancou a obra em troca dos serviços do Mister. Assim começou a carreira de técnico. A principal referência de Jorge Jesus como jogador era Johan Cruyff. O português era mais um fã da Laranja Mecânica holandesa e dos conceitos táticos de Rinus Michels. Quando começou a ser treinador, Jesus passou um mês e meio em Barcelona fazendo estágio com Cruyff, que dirigiu o clube catalão entre 1988 e 1996.

Treinos propostos, estratégias de ataque e defesa, jogadas ensaiadas, tudo que se vê nas equipes comandadas pelo técnico português foi desenvolvido por ele mesmo. Jorge Jesus herdou de Cruyff a paixão pela criatividade, a ponto de estudar livros sobre outros esportes e buscar neles ideias que possam ser aplicadas ao futebol. Sua metodologia de treinamento é a soma de trinta anos de experiência no futebol, baseada em dedicação e perfeccionismo. Jorge Jesus procura ter conhecimento de todas as etapas que envolvem a preparação do time e estar sempre atento a detalhes. "Para ser um bom treinador você não pode ser bom apenas tecnicamente, taticamente. É preciso perceber coisas que vão além do futebol. Eu vivo o jogo, vejo o jogo. Percebo com antecedência o que vai acontecer. Se o treinador não ajuda os jogadores, não precisa estar no banco. Pode ficar em casa vendo TV."

Foram quase vinte anos de muito trabalho até se tornar um nome conhecido em toda a Europa. Nas seis temporadas que passou no Benfica, venceu três títulos portugueses e cinco Taças da Liga. No mesmo período, chegou a duas finais seguidas da Europa League, em 2013 e 2014, perdendo as decisões para Chelsea e Sevilla, respectivamente. Saiu do Benfica para treinar o clube de coração da família, o Sporting. Venceu a Taça da Liga e a Supertaça de Portugal, mas não repetiu o sucesso obtido no rival de Lisboa.

Desempregado desde janeiro de 2019, quando deixou o Al-Hilal, da Arábia Saudita, Jesus foi procurado por Alexandre Faria, então diretor de futebol de Vasco em abril de 2019. A negociação não avançou porque os salários de Jesus estavam fora da realidade cruz-maltina. Outro clube brasileiro que se interessou em contar com o português foi o Atlético Mineiro. O agente do treinador o ofereceu ao Galo. Em maio, Jorge Jesus chegou a almoçar com o presidente do BMG, Ricardo Guimarães, e assistiu ao jogo entre Atlético Mineiro e Flamengo no Independência, quando o time de Minas venceu por 2 X 1.

MARCOS BRAZ

A gente avaliava a situação do Abel. Havia alguns problemas. Viajei pra contratar o Filipe Luís. Fiquei fora mais de 15 dias e não lembrava qual era a tabela. Entrei na internet e vi que o Flamengo ia jogar contra o Atlético Mineiro. O Paulo Pelaipe me mandou uma reportagem dizendo que o Jesus viria ao Brasil. Eu falei pra deixar quieto, a prioridade era fechar negócio com o Filipe Luís.

O Jorge foi ao Independência e viu o jogo do Flamengo com o pessoal do Atlético Mineiro. Eu liguei pra uma pessoa e falei: "Tô na Espanha. Fala pro Jorge Jesus não fechar com ninguém antes de falar comigo". Fiz isso pra ganhar tempo, porque a gente tinha técnico.

Tive uma primeira conversa com o Jorge. A gente queria saber se um dia ele gostaria de vir pro Brasil e qual era o projeto de vida dele. A informação de que eu estive com ele vazou. Quando vazou, o Abel pediu demissão. "Jorge, estamos sem técnico. Porra, vamo pra lá! Acredita no projeto!" Passamos dois dias no Hotel Tivoli, na Liberdade, enclausurados. Cinco, seis reuniões por dia em Lisboa e deixamos quase tudo resolvido.

Marcos Braz explicou a Jorge Jesus as nuances da política rubro-negra e o tipo de ambiente de trabalho que ele encontraria caso o negócio fosse fechado. O time ele conhecia bem, já que acompanhava os jogos do Rubro-Negro pelo canal de TV por assinatura PFC. O técnico foi para Madri, onde o presidente do Flamengo, Rodolfo Landim, acompanharia a final da Champions League entre Liverpool e Tottenham. Os dois se reuniram e selaram o acordo por um ano, que também incluiria a chegada de outros sete profissionais do *staff* de Jesus para a comissão técnica rubro-negra.

JORGE JESUS

"Em meu primeiro encontro com Marcos Braz, ele me colocou a par de tudo o que era o Flamengo. Isso foi importante para mim. E quando se quer chegar a um acordo, que era também o interesse do Flamengo, é fácil. Eu já acompanhava os jogos do Campeonato Brasileiro, portanto vi algumas partidas do Flamengo. Via como espectador, não como alguém que pudesse vir a treinar a equipe. Quando surgiu a casualidade de dirigir o Flamengo, senti que poderia fazer logo uma grande equipe. Vi que o clube tinha grandes jogadores e que o trabalho poderia ser mais fácil com a ajuda de todos.

Enquanto o português não se apresentava, o interino Marcelo Salles comandou o Flamengo no Brasileirão. Ele teve bons resultados, classificando o time da Gávea para as quartas de final da Copa do Brasil (depois de eliminar o Corinthians no Maracanã) e ganhando sete de nove pontos possíveis no Brasileirão. Jesus receberia o comando com o time na terceira posição do campeonato nacional, três pontos atrás do vice-líder Santos e oito atrás do primeiro colocado, o Palmeiras. Além de herdar uma classificação melhor, Jesus também ganharia um reforço de nível internacional. O longo namoro do Flamengo com o lateral direito Rafinha virou casamento em 9 de junho. O jogador de 33 anos acertou contrato por duas temporadas. Campeão Mundial e da Champions League pelo Bayern em 2013, Rafinha trazia para o elenco a experiência que não poderia faltar nos momentos decisivos, especialmente na Libertadores.

MARCOS BRAZ

"A gente se encontrou num hotel perto do aeroporto de Guarulhos no dia 2 de janeiro e ficamos cinco horas conversando. Ali comecei a apresentar o projeto pra ele. O Rafinha tinha contrato com o Bayern até o meio do ano e voltou pra lá. Eu ligava às quatro horas da manhã do Rio pra falar com ele às nove horas da manhã na Alemanha, horário que ele começava a treinar. Assim foi durante três, quatro meses. Era uma operação dificílima, foi um trabalho de persuasão grande. Ele fez o que tinha que fazer lá no Bayern, foram campeões e depois conseguimos trazê-lo com muito esforço. A gente levou seis meses, mas o Flamengo conseguiu fazer uma contratação importantíssima.

Ao documentário *Sem filtro*, do DAZN, Rafinha detalhou as razões que o levaram ao Flamengo:

> Escolhi ficar mais próximo da minha família e buscar um desafio novo, jogar num grande clube brasileiro. No Bayern de Munique não existe outro resultado sem ser vitória, mas aqui no Flamengo a gente vive isso de uma forma mais intensa. Entrar no Maracanã e estrear com a camisa do Flamengo foi um dos melhores dias da minha vida. Todo time por onde eu passei, saí campeão. Aqui no Flamengo não vai ser diferente.

Jorge Jesus começou a trabalhar no Ninho do Urubu no dia 20 de junho. Trouxe energia, paixão, gritos e muito conhecimento. Sob o comando de Abel, os rubro-negros não possuíam jogo coletivo e apresentavam muita vulnerabilidade na defesa. O português procurou melhorar o posicionamento do time e a intensidade de jogo com e sem a bola. Linhas de marcação altas, pressão intensa sobre os adversários na saída de bola e velocidade para definir na frente eram alguns dos conceitos que ele pretendia implantar. Sua primeira preleção foi direta: "Vocês estão muito mais habituados a este cenário de mudança de treinadores aqui no Brasil. Não é nenhuma novidade pra vocês, nem pra mim. O mais importante aqui dentro é o Flamengo. Não é o treinador, nem é o jogador. É o Flamengo!".

O primeiro jogo-treino sob o comando de Jesus foi na Gávea, contra o Madureira, no dia 29 de junho. A vitória por 3 X 1 sobre o Tricolor Suburbano chamou menos a atenção do que os berros do novo treinador. "Atenção, Arão! Tá maaaaaaaal, Arão!!!" Bruno Henrique e Lucas Silva também terminaram o jogo com as "orelhas quentes".

WILLIAN ARÃO

> A metodologia de trabalho, a forma com que ele pensa o jogo, os treinos, tudo é diferente. Mudou bastante coisa. Você tem que estar ligado no 220 volts e lembrar de todos os movimentos que ele pede. O cara fica te falando aquilo, fica falando, e se você esquece por um momento, vai tomar uma bronca. E não é por mal, não é pessoal. Virou até meme depois, mas eu consegui mais tarde fazer com que esse meme fosse positivo pra mim. Agora já não é "Tá mal, Arão!", é "Tá bem, Arão!".

JORGE JESUS

O desenvolvimento dos jogadores individualmente tem a ver muito com a questão tática. O time foi se adaptando, sabendo quais eram os caminhos que tinham que percorrer para ser uma grande equipe. No caso, o Arão particularmente é um jogador superinteligente. Tu passando as mensagens, ele entende perfeitamente o que o treinador e a equipe querem.

RODRIGO CAIO

Fui procurar informações com ex-jogadores dele. O Artur Moraes, goleiro que trabalhou com ele no Benfica, me contou muitas coisas, sempre de uma forma muito positiva. Disse que a nossa equipe ganharia muito com a chegada do Mister. Em termos técnicos, em termos táticos e principalmente em termos individuais. Porque a cobrança era tão grande que individualmente o jogador subiria muito de nível. O Artur deixou bem claro: "Muitas vezes você vai querer partir pra cima dele. Mas no final, você vai ver que valeu a pena".

Cria da Gávea, o ex-goleiro Júlio César conhecia os dois lados da moeda. Tinha sido campeão português com o Benfica na temporada 2014-15 sob o comando de Jorge Jesus. Sabia da capacidade do treinador, mas tinha dúvidas se o estilo obsessivo, com nível insano de exigência e zero pudor na hora de cobrar publicamente seus atletas, casaria com o elenco do Flamengo, cujos jogadores de alto nível estavam acostumados a uma abordagem mais condescendente. Como bom rubro-negro e visando o sucesso de Jesus no Flamengo, o goleiro da Seleção Brasileira nas Copas de 2010 e 2014 procurou as lideranças do elenco para explicar que o treinador português poderia levar o clube à Terra Prometida.

DIEGO

Eu conversei bastante com o Júlio num almoço. Trabalhei 12 anos na Europa, peguei vários treinadores lá com personalidades diferentes, mas com certeza essa conversa do Júlio comigo e com outros jogadores foi importante pra gente saber que teria cobrança, mas que viria o resultado. E também vários outros jogadores portugueses com quem joguei e trabalharam com o Jorge passavam a mesma coisa. Todos os comentários tinham uma coisa em comum: falavam que ele nos faria campeões.

DIEGO ALVES

O Júlio sabia exatamente como o Mister se comportava e até mesmo o temperamento do Jorge com respeito ao grupo, aos jogadores, como ele via o futebol. Nós, como lideranças, tínhamos que saber e repassar para os jogadores que talvez não estivessem acostumados a esse tipo de cobrança. O Jorge vive intensamente os treinos, os jogos, e lógico que pode haver algum tipo de divergência, até mesmo de opinião por parte dos jogadores por não entenderem a filosofia de trabalho dele. E o Júlio foi uma pessoa importante. Depois ele também conversou com o Jorge, explicou que ele ia encontrar um grupo muito bom.

MARCOS BRAZ

Do mesmo jeito que passaram pros jogadores o que era esse treinador português, passaram pro Jorge Jesus o que eram os jogadores brasileiros. Acho que teve um ajuste pros dois lados. A intransigência do Jorge Jesus de Portugal, que afirmam que ele teve, eu nunca conheci aqui. O Jorge é um cara duro, mas de diálogo, um cara firme. O que trata, cumpre.

A apresentação oficial do Mister foi no dia 10 de julho de 2019, e Marcos Braz introduziu o novo técnico: "É um dia muito feliz pro Flamengo, a apresentação do novo técnico, Jorge Jesus. A nossa responsabilidade e a sua responsabilidade como treinador são conjuntas e do mesmo tamanho. Agora é com você. Boa sorte!". O português trocou um aperto de mãos com Braz e continuou o planejamento para uma agenda difícil. O novo técnico teria logo no início de sua trajetória dois confrontos eliminatórios contra Athletico Paranaense, nas quartas da Copa do Brasil, e Emelec, pelas oitavas da Libertadores.

Para o jogo de ida contra o Furacão, Jesus pôs Rodinei na lateral direita e Vitinho na vaga de Everton Ribeiro. O Flamengo voltou de Curitiba com um empate de 1 X 1.

RENÊ

No jogo na Arena da Baixada, pela Copa do Brasil, nós da zaga jogamos na maior pressão. Você se concentrava mais no posicionamento do que na bola. Nunca joguei daquele jeito! A bola vinha e era uma distração pra gente. O foco era não errar o movimento. Ele cobrava um passo. Às vezes ele ficava na linha, parava todo mundo. "Caio! Tá um passo pra direita! Tem que ser um passo pra esquerda!"

EVERTON RIBEIRO

Primeiro ele treinou a linha de zaga pra gente parar de tomar gols. Nisso ele é muito rigoroso, ali é onde ele mais quer a perfeição. Depois foi subindo. Tentou fazer a gente jogar mais próximo, pra estarmos mais inteiros durante toda a partida. Ele gosta que vá pra cima, que no ataque seja atrevido, não tenha medo de perder bola. Ele me deu liberdade pra me movimentar bem, mas sempre cumprindo a parte tática.

Ele mudou nosso estilo de jogo. Colocou a equipe para ser dominante e encaixou muito com o que a gente tinha de elenco. Isso fez toda a diferença pra nossa sequência de Libertadores e Brasileiro.

ARRASCAETA

Eu tive uma conversa com o Mister quando ele chegou. Ele falou pra mim quais eram as coisas que eu tinha que melhorar. Acho muito importante que o treinador se preocupe com cada um de nós, com o crescimento pessoal, para o grupo, e certamente a gente corrigiu isso. Melhoramos o posicionamento dentro do campo ofensivo. Ele nos acomodou dentro de campo de uma forma particular, da maneira que ele gostava de jogar.

JORGE JESUS

O Arrascaeta foi um jogador que também evoluiu porque taticamente teve que percorrer outros caminhos dentro do campo. Com o novo posicionamento, ele se tornou mais jogador. Eu o ajudei a crescer porque ele tinha todas as qualidades para isso.

NA MARCA DO PÊNALTI

★★★★★★★★★★★★★★

A iminente ida de Léo Duarte para o Milan fez o Flamengo sair em busca de um substituto na Europa. O zagueiro espanhol Pablo Marí, de 25 anos, pertencia ao Manchester City e estava emprestado ao La Coruña, time pelo qual disputava a segunda divisão espanhola. Marí foi anunciado no dia 11 de julho, após ser mapeado pelo Centro de Inteligência em Mercado do Flamengo e ter o nome aprovado por Jorge Jesus.

MARCOS BRAZ

> A gente foi a Sevilla atrás de outro jogador, um atacante. E nesse processo nos encontramos com o procurador do Pablo Marí. Ele era um jogador do grupo City, que já tinha sido avaliado. Zagueiro canhoto, alto, passes longos. Ele era espanhol, a mulher espanhola. Será que a vinda para o Brasil não seria um retrocesso na carreira? E mesmo explicando o tamanho e a grandeza do Flamengo, a história do Flamengo, isso é muito analisado. Se o jogador, se vem pra cá, se não é uma baixa na carreira. O Pablo entendeu que valeria a pena e a gente conseguiu que ele viesse.

PABLO MARÍ

> No momento em que chegou a proposta do Flamengo, em praticamente dois dias tomei a decisão de jogar lá. Era uma aposta arriscada ir para outro continente, outro tipo de futebol, outras normas de convivência, é tudo novo! Eu e minha esposa somos pessoas movidas por objetivos. A gente sabia que o Brasil era um país espetacular. A gente foi cheio de vontade de conhecer a cidade, as pessoas. E o fato de um grande clube ter ido me buscar confirma que a gente estava tomando a decisão certa. A turma de *scouting* do Flamengo viu em mim potencial para ser alguém no clube.

RODRIGO CAIO

Dupla de zaga você tem que ter uma ligação muito forte. Você precisa conhecer o seu parceiro em pequenos detalhes dentro de campo. E fora, a gente teve uma parceria muito grande. O Pablo morava no meu prédio, muitas vezes dava carona a ele pro treino, principalmente no começo dele. A gente tinha muito contato, saía pra jantar com as esposas. Acho que a parceria começou aí. Quando chegou, foi um cara sempre muito aberto a ouvir. Isso fez uma diferença muito grande pra que a gente pudesse crescer cada vez mais.

EVERTON RIBEIRO

O Pablo a gente não conhecia muito, mas chegou já se enturmando, querendo falar português. Muitas vezes o cara é meio tímido ou ainda não consegue se soltar, mas ele não. Chegou conversando com todo mundo. "Fala palavra em português aí que eu quero aprender português!" A gente ia no portunhol e ele ia aprendendo no portunhol também. Agregou muito a chegada dele.

No dia 12 de julho o clube divulgou mais uma contratação: o meia Gerson, de 22 anos. Revelado pelo Fluminense, o jogador pertencia à Roma, que vendeu 100% dos direitos econômicos do atleta por 11,8 milhões de euros, cerca de 49,7 milhões de reais em valores da época. Gerson tinha saído do rival Tricolor quatro anos antes, mas não conseguiu se destacar na Itália, onde além da Roma, também defendeu a Fiorentina.

GERSON

Era Flamengo fanático, essa paixão vem de longa data. Adriano e Petkovic foram meus ídolos na infância. Estava passando férias no Brasil. O Marcos Braz e o Bruno Spindel foram na casa do meu pai mostrar o projeto. Lembro que ele ficou com um pé atrás de a gente voltar da Europa naquele momento, achava que poderia ser um retrocesso. Aí disse para ele: "Me leva para o Flamengo que dentro de campo eu resolvo".

Voltei com outra cabeça. Antes era preocupado somente no que fazia dentro de campo. Hoje tenho consciência de que minha carreira é muito mais que noventa minutos. Na Itália eu entendi que precisava mudar se quisesse ser um jogador vitorioso. Saí daqui preocupado apenas em fazer gol ou dar assistência e hoje me preocupo em ser influente na partida mesmo sem a bola. A minha principal mudança foi mental.

MARCOS BRAZ

O Gerson foi a maior venda da história do Fluminense. Saiu daqui com 18 anos e já era diferenciado. Ele precisava da Europa no sangue, porque ali os jogadores vão encontrar um monte de adversidades: o frio, uma outra língua, vários aspectos que fazem a pessoa, não só o jogador de futebol, ter experiência e criar maturidade. A gente comprou por um valor mais baixo que a Roma pagou, mas ainda assim foi um número elevado. A gente precisava de uma reposição para o Cuéllar, que estava perto de ir embora.

O elenco rubro-negro estava cada vez mais forte. O jogo de volta contra o Athletico pela Copa do Brasil, uma semana depois do empate em 1 X 1 na ida, era cercado de otimismo. No domingo anterior, uma goleada de 6 X 1 sobre o Goiás pelo Brasileirão mostrou um Flamengo mais agressivo, jogando para a frente. No segundo jogo contra os paranaenses Rafinha já era titular. Cuéllar seria o único volante antes de uma linha de três com Everton Ribeiro, Diego e Arrascaeta. Gabigol teria a companhia de Lincoln no ataque. Muitas mudanças feitas, mas o placar foi o mesmo de Curitiba: 1 X 1. Nos pênaltis, as cobranças desperdiçadas por Diego, Vitinho e Everton Ribeiro custaram a vaga nas semifinais da Copa do Brasil. Apesar da eliminação, Jorge Jesus exigiu que os atletas fossem saudar a torcida, que vaiou fortemente o time do Flamengo.

DIEGO

Foi um grande jogo que nós fizemos, tivemos oportunidade de vencer. Sentimos a equipe evoluindo, era previsível tudo o que vinha pela frente em termos de vitória, de confiança, de automatismo, de movimentos. Ali já se via resultado. Depois foi pros pênaltis. Eu treinei a cobrança daquela forma, de bater alto, no meio, mas ele foi inteligente. Tinha saído em todos os pênaltis antes, mas no meu ele ficou parado e acabou defendendo. Minha vontade era seguir em frente na competição, mas não aconteceu. A cobrança veio muito forte novamente.

VITINHO

> Eu só tinha perdido pênalti em disputa de mata-mata uma vez. E nesse jogo aconteceu a mesma coisa: eu escorreguei e meu pé de apoio deslocou a bola e eu acabei chutando na trave. Não era o que eu desejava, claro, mas no fundo foi bom a gente ter saído da Copa do Brasil naquela hora. No ano anterior, a gente tinha vivido isso também, disputando três competições ao mesmo tempo e não conseguindo atingir os objetivos em nenhuma delas.

Eliminado no primeiro mata-mata pelo Flamengo, Jesus ainda não tinha perdido nenhum jogo, mas já recebia as críticas típicas do imediatismo predominante no futebol brasileiro. O desejo rubro-negro de voltar às quartas de final da Libertadores depois de nove anos começaria a ser decidido justamente no aniversário do técnico. O Mister completava 65 anos na data do jogo contra o Emelec no estádio George Capwell, em Guayaquil. Sem medo de inferno astral ou de cornetas, o português testou uma formação diferente no Flamengo. Apostou em Rafinha e Rodinei jogando juntos pelo lado direito, com o ex-lateral do Bayern mais avançado. Além disso, Cuéllar foi sacado e Gerson faria a sua estreia na competição continental. A sorte estava lançada.

DIEGO ALVES

> Eu não sei se o Jorge tinha a noção do que representava a Libertadores ou de como seria forte fisicamente um jogo da competição. É normal, até porque ele vem da Europa e encontra às vezes coisas diferentes. Campo, torcida, um jogo mais truncado, mais intenso.

DIEGO

> Coletivamente nós estávamos cada vez mais fortes. Aquele era o meu melhor momento desde que eu tinha chegado ao Flamengo. O treinador deixou clara a confiança que tinha em mim desde que chegou, tanto em palavras quanto em atitudes. Eu vinha jogando noventa minutos todos os jogos e estava muito bem física e emocionalmente.

A primeira conclusão foi do Flamengo, quando aos dois minutos de jogo Diego chutou de fora da área e mandou a bola à direita do goleiro Dreer. O camisa 10 e capitão rubro-negro começou a partida como volante, deixando Gerson mais à vontade para criar. A partir dos nove minutos, depois de entender a proposta de jogo do Flamengo, o Emelec subiu a marcação e começou a criar dificuldades. Aos dez, numa arrancada de Cabezas pela ponta direita, Renê não conseguiu evitar a inversão para Guerrero, já na grande área. O atacante rolou no meio para Godoy, que foi mais rápido que Léo Duarte e bateu de primeira. A bola não veio com força, mas Diego Alves não conseguiu impedir que ela morresse no canto direito: 1 X 0 para o Emelec.

RENÊ

A gente tomou um gol estranho, foi um baque. Tentamos animar uns aos outros porque a gente tinha time pra vencer o Emelec lá. No mínimo, empatar. Na verdade, a nossa confiança era de vencer o jogo e ir pro Maracanã com um resultado que desse pra gente liquidar em casa.

O tempo passava e os jogadores do Flamengo que atuavam deslocados, como Rafinha e Diego, não conseguiam entrar na partida. A marcação do Emelec dava poucos espaços. Numa rara chance, Bruno Henrique sofreu falta na intermediária e Diego tentou a cobrança direta aos 23 minutos. O chute desviou na barreira e foi para fora. Aos 29, Gabigol conseguiu uma ótima arrancada pela esquerda e invadiu a área para bater de bico; Dreer espalmou e Bruno Henrique não conseguiu aproveitar o rebote. Willian Arão tentava apoiar o ataque, mas em duas jogadas seguidas acabou usando o braço e matando as chances. A bola parada era o que Flamengo tinha de melhor. Diego alçou mais uma vez na área aos 37, mas a cabeçada de Léo Duarte saiu à direita de Dreer, sem perigo. Bruno Henrique era caçado pelos zagueiros equatorianos e não conseguia jogar. Aos 41 minutos, Gerson roubou a bola na intermediária e deu para Gabigol tentar de longe, mas a batida de canhota passou perto da trave direita. O primeiro tempo terminava com vantagem de 1 X 0 para o Emelec.

RAFINHA

> Aquele jogo, pra muitos, foi uma catástrofe. Todo mundo achando que o Mister tinha feito cagada, que tinha errado na escalação. Naquela ocasião, ele quis me usar ali pra não ter que colocar nenhum menino, porque era um jogo muito difícil. Eu joguei naquela posição no Bayern muitas vezes, mas de frente para a marcação. Sou um jogador baixo e não estou acostumado a jogar ali de costas. Não consegui render no primeiro tempo o que rendo na minha posição de origem.

GERSON

> Jogo pegado demais. Muito difícil. Atmosfera pesada e um adversário duro. Marcava muito forte, não dava espaço. Tivemos muita dificuldade nessa partida. Acredito que, desde a chegada do Mister, tenha sido nossa pior partida.

O nervosismo continuou a prejudicar o Flamengo no segundo tempo. Com menos de um minuto de bola rolando, Rodrigo Caio tentou afastar a bola da área em uma cabeçada que saiu fraca e virou assistência para Angulo. O anjo da guarda do zagueiro estava de plantão, e o atacante equatoriano furou bizarramente. Rafinha, em descida pela direita, foi atingido pelo lateral Vega com um chute no rosto e forçou a expulsão do jogador do Emelec aos oito minutos. Com um a mais, Jesus tirou Rodinei e apostou no atacante Lincoln. A bola aérea continuava sendo o caminho mais procurado pelos rubro-negros, e Willian Arão, sozinho, cabeceou para fora mais um levantamento de Diego aos 12 minutos.

A qualidade de Gerson começava a sobressair no meio-campo. Iludindo a forte marcação do Emelec na intermediária, ele deu um tapa de pé esquerdo para deixar Lincoln de frente para o gol. O atacante recém-saído do banco jogou a bola na arquibancada, para desespero dos cerca de noventa torcedores rubro-negros em Guayaquil.

O gol de empate não saía e o treinador decidiu mexer mais duas vezes. Cuéllar substituiu Arão e Lucas Silva entrou na vaga de Gerson. Lucas Silva, Lincoln, Gabigol e Bruno Henrique congestionavam o ataque, mas quem oferecia perigo era o Emelec. Orejuela quase ampliou após um contra-ataque aos 23.

A superioridade numérica do Flamengo acabou aos 24 minutos, quando um carrinho de Dixon Arroyo fraturou o tornozelo esquerdo de Diego.

DIEGO

Quando eu senti o osso quebrando, foi um golpe muito duro. Uma mistura de tristeza com raiva, porque eu estava no meio de uma batalha. Vinha tomando muita iniciativa, que era o que o treinador esperava e me pedia, mas de repente me vi de mãos atadas. De perna quebrada.

Depois eu conversei com o jogador que me lesionou. Ele me pediu desculpas. Não foi pra quebrar minha perna, talvez soubesse que seria uma falta dura. A bola estava distante, tinha meu corpo entre ele e a bola, é natural que ao dar um carrinho daquele jeito você saiba que vai machucar. Mas acho que não teve essa maldade. Eu o perdoei de coração, não guardo nenhum rancor.

O Flamengo já tinha queimado suas três alterações e não pôde substituir seu capitão. Gabigol recuou para tentar municiar os meninos que entraram no segundo tempo. Aos 28, conseguiu encontrar Lincoln na área. O jovem atacante recebeu de costas, girou e tentou a conclusão de pé direito. Dreer defendeu e o assistente marcou impedimento inexistente no rebote.

O volume de jogo do Flamengo era maior, apesar de todas as dificuldades para criar chances. Num raro contra-ataque, os equatorianos encontraram o segundo gol. O cronômetro marcava 33 minutos quando Lucas Silva perdeu a bola no ataque. Renê tentou recuperar, mas deu bote errado e deixou uma avenida aberta para Guerrero na ponta direita. O atacante foi até a linha de fundo, confundiu Léo Duarte na marcação e rolou para trás. Caicedo ajeitou de pé esquerdo e soltou um bico de direita, que resvalou em Renê, tocou na trave e matou Diego Alves.

RENÊ

O cara deu um chute muito feio, eu fui esticar a perna, desviei a bola e saiu o segundo gol. No primeiro gol, o cara chutou mascado, foi gol. Tava dando tudo errado pra nós!

Abatido, o Flamengo ainda ouviu a torcida do Emelec gritar "olé" nos dez minutos finais. Orejuela abriu caminho para finalizar na área, mas Rodrigo Caio, de carrinho, impediu o terceiro aos 36. Mesmo desorganizado em campo, o Rubro-Negro ainda tentava ao menos um gol fora de casa e quase conseguiu em batida de Renê, que de fora da área acertou um chute violento na trave esquerda. A partir das oitavas de final a Libertadores passava a contar com o VAR. E ele foi acionado já aos 44 minutos do segundo tempo para checar um possível pênalti de Bruno Henrique em Caicedo. Houve a falta, mas Arroyo tinha usado o braço na origem da jogada, o que anulou a possível penalidade.

O árbitro da partida, o argentino Fernando Rapallini, deu seis minutos de acréscimo, tempo para um chute fraco de Bruno Henrique no meio do gol aos 46. E só.

JORGE JESUS

Na verdade, fiquei um pouco surpreso. Não pela qualidade do jogo, mas pela agressividade que puseram contra o Flamengo. Perdemos o jogo, mas eu estava convicto de que, no Maracanã, nós daríamos a volta por cima na eliminatória porque éramos muito melhores. O Maracanã tem um ambiente quase impossível para uma equipe nos segurar. Isso me deixou tranquilo para o segundo jogo.

DIEGO ALVES

O que me deixou marcado foi a gente chegando no vestiário. Todo mundo triste, nervoso, chutando porta, ameaçando aquela discussão, tentando entender por que jogamos tão mal. Eu lembro de conversar com o Mister quando ele falou pra mim e pro Cuéllar: "Fica tranquilo que nós vamos virar o jogo lá, eu tenho certeza!". E esse otimismo do Mister começou a chegar nos jogadores. É lógico que alguns estavam tristes, mas a gente tinha total conhecimento de que era possível reverter a situação porque nosso time poderia ter jogado muito melhor do que jogou.

WILLIAN ARÃO

Nós entramos no vestiário cabisbaixos porque tínhamos perdido. Eu mais ainda, porque tinha perdido um gol de cabeça. Mas logo veio o sentimento de que o mundo não tinha acabado, que a gente poderia se classificar no Maracanã, e fomos acreditando nisso. Até o presidente falou: "Galera, eu tenho plena confiança em vocês e eu sei que a gente vai virar esse jogo! Eu sei que a gente vai passar de fase! Não é porque teve um tropeço fora de casa que tá tudo acabado!

A contratação do lateral esquerdo Filipe Luís, do Atlético de Madrid e da Seleção Brasileira, tinha sido confirmada na véspera da derrota em Guayaquil. O jogador catarinense, torcedor do Flamengo na infância, qualificaria ainda mais o elenco. Aos 33 anos, somava títulos de campeão espanhol, campeão inglês, duas taças da Europa League e ainda celebrava a recente volta olímpica na Copa América 2019, no Brasil. Filipe não poderia ser inscrito na Libertadores a tempo do jogo de volta contra o Emelec, mas assim que fechou todos os detalhes da transferência veio imediatamente para o Brasil.

FILIPE LUÍS

Eu sonhei no avião que alguma coisa muito ruim tinha acontecido. Quando eu botei o pé no Brasil liguei o telefone, já com o contrato assinado e tudo, tinha uma mensagem do meu irmão dizendo: "Deu tudo errado! Uma noite péssima, o Flamengo perdeu por 2 X 0 e o Diego quebrou a perna!". Pra mim, aquilo foi a certeza de que iria dar certo. É difícil falar isso, mas eu tinha certeza porque eu conheço o Diego. É um dos meus melhores amigos na vida, não teria sentido ele se machucar justamente no dia que eu chego. Essa história ainda tinha muito pela frente, e a gente ia virar.

A semana demorou a passar. No dia da revanche contra os equatorianos, 31 de julho, uma onda de otimismo tomava conta dos rubro-negros. "Ôôô!!! Vamos virar Mengooo!!!" era o canto da torcida que esperava na saída do Ninho do Urubu o ônibus com a delegação do Flamengo. E antes que o grupo seguisse para o Maracanã, um visitante inesperado apareceu de última hora para passar confiança a seus companheiros.

DIEGO

Eu tinha feito a cirurgia seis dias antes, mas queria ir lá no centro de treinamento dar um abraço neles. Aliás, eu queria ir ao estádio, só que o doutor

Tannure não deixou. Ele falou: "Cara, você não pode sair de casa! Tem que ficar aí com o pé pra cima, foi uma cirurgia delicada".

"Doutor, eu preciso ir lá dar um abraço neles, alguma coisa! Eles têm que sentir que eu tô aqui, que eu tô junto!"

"Mas você vai ter que tomar muito cuidado! Não deveria, não deveria..."

Acabou que eu fui deitado no carro com a perna pra cima. Dei um abraço em cada um, dei um abraço no Mister, desejei tudo de bom pra eles naquele jogo e foi muito importante pra mim. Acredito que também pros jogadores.

As manifestações de apoio vinham de todos os lados no trajeto entre zona Oeste e zona Norte. Quando se aproximaram do Maracanã, os jogadores viam das janelas um mar de gente em vermelho e preto, com sinalizadores, fumaça colorida, rojões e fé inabalável na virada. No caminho do túnel ao gramado do Maracanã, o time do Flamengo foi recebido com um imenso mosaico em vermelho e preto, onde se lia em letras brancas a imensa mensagem: "JOGAREMOS JUNTOS".

EVERTON RIBEIRO

Quando a gente entrou no estádio, do vestiário já escutava a torcida gritando. Quando entramos, a fumaça, mosaico e tudo o mais, a gente falou: "Pode cair canivete que a gente vai virar esse jogo! A gente vai sair daqui classificado!".

A eliminação nas oitavas da Libertadores poderia ser o fim da linha para Jorge Jesus em sua primeira incursão pelo futebol brasileiro. Desta vez o Mister não inventou: Rafinha assumiu a lateral direita e Rodinei voltou para o banco. O departamento médico conseguiu colocar Everton Ribeiro em condições de jogo após uma lesão óssea no pé esquerdo e o meia voltou ao time titular. Arrascaeta, fora havia três partidas, reapareceu no banco graças à eficiência dos encarregados de recuperar os atletas lesionados.

MARCOS BRAZ

Nas duas semanas entre a eliminação pro Athletico Paranaense e o jogo de volta contra o Emelec foi muito duro. Todo dia o Jorge apanhava! Falavam um monte de gracinhas. Se a gente saísse contra o Emelec, eu ia virar chacota por trazer sete portugueses e mais um técnico. Fui chamado de inconsequente e irresponsável por trazer uma comissão técnica da Europa no meio da temporada. Fiquei chateado, tenho dois filhos, de 13 anos, 12 anos. Tomamos muita porrada!

A zaga mudaria 100% em relação do jogo de Guayaquil. Léo Duarte deixou o clube rumo ao Milan e se despediu dos companheiros dois dias antes do jogo. Rodrigo Caio, que sofrera uma lesão na coxa esquerda na vitória por 3 X 2 sobre o Botafogo pelo Brasileirão, também ficaria de fora. Thuler e Pablo Marí formariam a zaga no jogo de vida ou morte para o Mengão. Cuéllar seria titular com Arão e Gerson jogaria mais adiantado, atrás de Gabigol. No vestiário, Jorge Jesus passou suas últimas orientações ao grupo:

Só quero dizer duas palavras pra vocês. O jogo tem emoção. O jogo tem paixão. Mas isso não adianta se vocês não souberem o que é pra fazer em campo. Vamos juntos, jogar como vocês treinam. Vocês têm coração e emoção. Agora vamos ter dentro do jogo qualidade individual e como equipe. Boa sorte e vamos juntos!

FILIPE LUÍS

Quando eu cheguei no vestiário pra visitar a turma antes do jogo de volta, a primeira coisa que o Gabigol falou foi: "Nós vamos virar! Fica tranquilo. Eu prometo que vou fazer dois gols. Se os outros caras fizerem mais algum, show de bola!". Fui no estádio, vivi aquele ambiente espetacular. Nunca imaginei que fosse ser um ambiente tão intenso!

PABLO MARÍ

Estava no túnel e, quando saí para o gramado, dei de cara com aquele mosaico na arquibancada. Nunca vou me esquecer dessa imagem na minha vida. Mais do que toda a emoção que envolveu a partida em si, esse primeiro momento no Maracanã em dia de jogo pra valer foi mágico. Poucos estádios no mundo poderiam me fazer sentir o que eu senti no Maracanã nesse dia. Foi uma das minhas melhores noites no Brasil!

Eram 67.664 torcedores lotando o Maracanã e a energia que vinha das arquibancadas tinha urgência de gols. E a primeira tentativa rubro-negra foi aos 19 segundos, quando Willian Arão experimentou um chute de fora da área. A bola passou um pouco acima do travessão. O volante, que crescia a cada jogo com Jorge Jesus, iniciou outra jogada aos quatro minutos. O passe dele para Everton Ribeiro virou assistência de primeira para Renê. O lateral seguiu a vocação de servir e rolou para Gabigol. O centroavante tentou de pé esquerdo e parou no goleiro Dreer. No rebote, usou a direita e mandou por cima. O gol parecia questão de tempo.

Três minutos mais tarde, Rafinha fez jogada pela direita, invadiu a área e acabou derrubado pelo lateral Bagüí. O argentino Néstor Pitana apontou o pênalti com convicção. Gabigol se apresentou para a cobrança e só esperou Dreer cair para o lado esquerdo para chapar a bola no outro canto e tirar o goleiro da foto. Mengão na frente e o sonho da virada ganhava cor.

Bruno Henrique também incomodava a defesa do Emelec. Aos 11 minutos, ganhou do zagueiro Mejía na corrida e chutou. A bola explodiu no rosto do goleiro e subiu. O atacante apareceu na área de novo aos 16 e cabeceou por cima um ótimo cruzamento de Renê. O pesadelo da defesa do Emelec eram as arrancadas de Bruno Henrique pela esquerda. Numa delas, aos 18, chegou em uma bola que parecia perdida e rolou para Everton Ribeiro na pequena área. O camisa 7 furou e quem vinha logo atrás? Gabigol. A finalização de pé esquerdo quicou, matou o goleiro Dreer e balançou outra vez a rede no Maracanã. Se a promessa da torcida era de jogar junto, Gabigol foi até ela para comemorar. O centroavante subiu as escadas de acesso à arquibancada e recebeu todas as formas de amor da Nação, a cada dia mais apaixonada por ele. A pressão para buscar ao menos dois gols estava zerada antes de vinte minutos de bola rolando.

A partir daí o Flamengo deixou de lado o ritmo alucinante para recarregar as energias e buscar com mais calma o terceiro gol. O primeiro tempo terminaria em 2 X 0, placar que levaria a disputa para os pênaltis.

Um gol dos equatorianos obrigaria o Flamengo a vencer por 4 X 1, por isso o Emelec voltou do intervalo com mais apetite. Com um minuto, Queiroz apareceu desmarcado na entrada da área e chutou com violência. Diego Alves, que mal tinha tocado na bola no primeiro tempo, nem se moveu: tirou a bola com os olhos, no chamado "golpe de vista".

WILLIAN ARÃO

> Eu tava perto do Queiroz quando ele chutou cruzado. Meu Deus do céu! A bola passou perto de mim, e você sente quando o cara pega bem e ela tem direção. Na hora que ele chutou, eu fiquei: "Sai, bola! Sai, bola!". Porque se naquele momento a gente toma um gol, íamos precisar marcar mais dois. Quando eu me viro, a bola passa tirando tinta da trave. Graças a Deus! Vamos embora, estamos vivos no jogo! Mais um susto entre tantos que a gente passou!

Everton Ribeiro já dava sinais de cansaço pela falta de ritmo e aos 12 minutos Jorge Jesus deu entrada a outro jogador recuperado às pressas para a decisão, o uruguaio Arrascaeta. O Emelec equilibrava as ações e o Flamengo só voltou a ameaçar aos 15, num escanteio. A bola alçada por Arrascaeta pela direita foi desviada por Bruno Henrique na primeira trave. Thuler fechava livre na pequena área, mas escorou para fora e perdeu um gol feito. Outra oportunidade rubro-negra nasceu aos vinte minutos, quando Gerson enfiou bola para Gabriel na área pela esquerda, o centroavante cruzou no segundo pau e Arrascaeta só ajeitou para Gerson. De costas para o gol o camisa 15 tentou finalizar num voleio acrobático, que viajou em câmera lenta e encobriu o gol de Dreer.

Gabigol chegava ao seu limite. Dores na coxa esquerda fizeram com que ele pedisse substituição e Jorge Jesus teve a ousadia de colocar o menino Reinier, de apenas 17 anos, para estrear entre os profissionais num jogo gigantesco. Ele teria vinte minutos para mostrar serviço.

O tempo passava, a angústia aumentava. O Emelec encontrava espaço pelas pontas, e aos 31 Angulo recebeu na área pela esquerda e cruzou para a cabeçada de Carabalí, mas a bola passou por cima do gol. Os equatorianos marcavam bem e, sem espaço para trabalhar a bola, o Flamengo voltou a recorrer aos chutes de fora da área: Arão arriscou aos 35 minutos, mas mandou à esquerda do goleiro Dreer. Jesus tentou dar mais velocidade ao time aos 36 minutos, colocando o colombiano Orlando

Berrío, ponteiro campeão da Libertadores com o Atlético Nacional em 2016, no lugar de Gerson.

Sem o herói do primeiro tempo, as esperanças recaíam sobre Bruno Henrique. Aos 38, acelerando mais uma vez pela esquerda, o atacante passou entre dois marcadores e rasgou em diagonal até chegar à área, onde deixou um terceiro equatoriano para trás. O chute forte, de pé esquerdo, foi desviado por Caicedo para escanteio. O Emelec se desdobrava para levar a partida aos pênaltis, tentando desacelerá-la. Néstor Pitana deu mais seis minutos de acréscimos, tempo em que o Flamengo só conseguiu dois cartões amarelos, recebidos por Cuéllar e Willian Arão. O sonho de chegar às quartas de final da Libertadores pela primeira vez desde 2010 teria que passar pelos pênaltis.

WILLIAN ARÃO

Já fazia nove anos que o Flamengo não passava para as quartas de final. Essa carga das eliminações, você correr o risco de ser eliminado dentro de casa por um time que não tem tanta expressão, pesava. Você vem com toda uma pressão também pra diretoria, pra nós, pra um treinador novo, que teoricamente não conhece muito do futebol sul-americano. Aí a gente tem tudo isso pra superar e poder dar o próximo passo.

DIEGO ALVES

Quando a gente se reuniu antes das penalidades, eu até falava pra eles: "Gente, tira o peso e faz o que vocês treinaram. Vocês treinaram bem pênaltis, vocês têm condições de chegar lá e executar da melhor maneira. Deixa a responsabilidade pra mim porque eu vou pegar um. Pode ficar tranquilo".

É um jogo psicológico, um momento de nervosismo. Os jogadores do Emelec também estavam bastante nervosos. Só que a gente já tinha sido eliminado da Copa do Brasil nos pênaltis, não tinha ido tão bem. E nessa decisão contra o Emelec, foi tudo ao contrário. Eu senti uma confiança muito grande na decisão.

A gestão de Jorge Jesus tinha 42 dias e o Flamengo viveria sua segunda decisão por pênaltis nesse curto período. A queda para o Athletico Paranaense na Copa do Brasil com três cobranças desperdiçadas tinha deixado certa insegurança sobre o que viria a seguir no Maracanã. Entre os batedores que falharam, dois estavam lesionados (Diego e Vitinho) e Everton Ribeiro já tinha sido substituído por Arrascaeta. E coube justamente ao introspectivo uruguaio que voltava de uma contusão fazer a primeira cobrança para o Flamengo. Bola ajeitada na marca, quatro passos para trás. Apito, corrida, pancada de pé direito, alta, no canto direito de Dreer e comemoração misturando raiva e alívio. Flamengo 1 X 0.

Pouco exigido no jogo até ali, Diego Alves chegava questionado à decisão por penalidades. Na partida anterior do Flamengo, o clássico contra o Botafogo pelo Brasileirão, o goleiro tinha falhado em uma cobrança de falta de Diego Souza. O primeiro batedor do Emelec foi Bryan Angulo, que optou por um chute forte entre o centro do gol e o canto direito de Diego Alves. O camisa 1 do Flamengo chegou a tocar na bola, mas não conseguiu impedir o empate. Bruno Henrique se apresentou para a segunda cobrança. O atacante partiu confiante de fora da área e optou por uma batida potente, no alto, em um chute bem parecido com o de Angulo, mas sem nenhum desvio de Dreer. Flamengo outra vez na frente.

O meia Cortez tinha entrado em campo pelo Emelec já aos 45 minutos do segundo tempo com a missão de cobrar um dos pênaltis na disputa pela vaga nas quartas de final. Alteração justificada pela frieza na hora de colocar a bola no canto direito de Diego Alves, acertando a lateral da rede para garantir o 2 X 2. O próximo a bater pelo Flamengo seria Renê. Dono da Bola de Prata de melhor lateral esquerdo do Brasileirão 2018, ele sabia que seus dias como titular já estavam contados. Filipe Luís assistia ao jogo na tribuna e era esperado com ansiedade pela torcida rubro-negra.

FILIPE LUÍS

> Eu falei pro Marcos Braz. Vi vários jogos do Flamengo quando a gente começou a negociar e a primeira coisa que eu analisei foi o lateral esquerdo. Eu achei o Renê, que sinceramente até então não conhecia, superseguro. Muito bom lateral, com mais perfil de Flamengo até do que eu, mais raçudo. Eu falei pro Braz: "Você tem certeza? Você já me viu jogar? Eu não dou carrinho, eu não chego muito na linha de fundo, você tem certeza que quer me contratar? Porque o Renê tá jogando bem!". E o Braz falou: "Nós temos certeza! Você tá maluco?".

Filipe estava com a família no Maracanã, mas teve que deixar o estádio às pressas e não conseguiu ver os pênaltis. Tiago, filho do lateral, sofria de enxaqueca e teve um episódio forte no fim do tempo normal. Enquanto seguia para o estacionamento com o menino, tentava decifrar pela reação da torcida rubro-negra se o Flamengo estava acertando os pênaltis.

Enquanto o futuro titular ia cuidar do filho, Renê tinha a imensa responsabilidade de mostrar mais uma vez que era digno do lugar que ocupava.

RENÊ

No dia do jogo, eu acordei com a sensação de que ia ter pênaltis. Comecei a ficar agoniado, porque tinha prometido pra minha esposa que não bateria mais pênaltis. Ela me fez prometer depois que perdi um pelo Sport na semifinal da Copa do Nordeste, em 2016. Eu já tinha voltado a treinar pênaltis quando o Mister chegou. Na semana do jogo, tinha batido 12 e feito os 12. O Mister separou cinco pra bater e me botou na lista. Aí mandei mensagem pra ela: "Ó, se prepara que se for pros pênaltis hoje eu vou bater". Fico até emocionado quando lembro dessa história. Fiquei com medo por causa dela, porque ela é nervosa. Eu não era unanimidade com a torcida. Se perdesse um pênalti naquele momento talvez a minha carreira fosse outra.

Comecei a imaginar o Maracanã lotado. Quando eu fosse bater, o Maracanã ia ficar em silêncio. Eu tenho que me preparar pra esse momento pra não perder o foco, porque eu treinei bem. Quando saí pra bater o pênalti, o Maracanã ficou mudo. Tudo que eu já estava esperando. Eu lembro que eu passei pelo Cortez, do Emelec, e ele falou "Vai perder!", e me xingou.

"Ó, meu Deus! Eu só preciso da Tua ajuda. Mais nada!"

Quando escutou o apito, Renê marchou para a cobrança olhando para a bola. Só levantou a cabeça um segundo antes do chute para ver o goleiro. Disparo rasteiro no cantinho esquerdo, indefensável.

DIEGO ALVES

Quando o Renê veio pra bola e fez o gol, o terceiro, ele veio até mim e falou: "Agora é tua vez!". E eu falei: "Pode deixar, que agora eu vou pegar!".

Até ali, todas as cobranças corretas e vantagem para o Flamengo em 3 X 2. O nome de Diego Alves ecoava por todos os cantos do Maracanã. A pressão crescia sobre o volante Dixon Arroyo, o cobrador seguinte do Emelec. Quando o juiz apitou, o goleiro do Flamengo provocou o adversário e apontou para o lado esquerdo. Arroyo finalizou à meia-altura, do outro lado. E Diego Alves foi buscar. Enquanto o Maracanã se descabelava, o camisa 1 se levantava como se nada tivesse acontecido.

Rafinha, o próximo, não quis demorar para cobrar a sua penalidade. Veio decidido, quicou a bola uma vez e a colocou na marca. Dreer se posicionou mais à direita para induzir o lateral a atirar à sua esquerda, mas o canto "diminuído" não mudou os planos do ex-jogador do Bayern. Rede estufada, vibração com socos no ar, no peito, desabafo e toda a entrega que se espera de um rubro-negro em campo: "Foi o momento de extravasar. Aquela imagem ficou marcada pros torcedores. Aquele momento estava mexendo com a gente, até comigo que sou mais experiente e vivi tantas decisões na minha vida".

A disputa estava em 4 X 2 e qualquer erro do time equatoriano bastaria para dar a vaga ao Flamengo. Mais um volante do Emelec iria cobrar, dessa vez Queiroz. "Ah, Diego Alves!!! Ah, Diego Alves!!!" O goleiro de 1,88 metro parecia ganhar mais alguns centímetros com toda a energia da maior torcida do Brasil. Vaiado após a falha contra o Botafogo, o camisa 1 nem precisou tocar na bola. O chute de Queiroz explodiu no travessão. A imensa pressão sobre o caro elenco rubro-negro levou os jogadores ao extremo da emoção. Campeão da Champions League e do Mundial de Clubes pelo Bayern em 2013, Rafinha desabou no campo e chorou como criança. Jorge Jesus não conseguia se levantar do banco de reservas. Tinha o olhar perdido, parecia não acreditar no final feliz. "Antes eu não entendia. Na minha formação, o principal é ser o campeão do teu país. No Brasil é diferente, é a Libertadores. Depois dessa eliminatória é que eu percebi."

Todo o elenco se reuniu no centro do gramado para fazer uma homenagem a Diego. Os atletas ergueram a camisa 10 com o nome do jogador lesionado, que iniciava o longo período de recuperação da cirurgia para corrigir a fratura no tornozelo sofrida no jogo de ida, em Guayaquil.

DIEGO

"Eles me homenagearam, vários jogadores vieram na minha casa. Só tenho que agradecer. Eu me recusei a jogar a toalha. Sabia que era muito difícil voltar a jogar ainda no mesmo ano, mas decidi arriscar tudo e fiz tudo o que eu podia. Me agarrei em 0,1% de chance e segui em frente. Coloquei na minha cabeça que retornaria no jogo de volta da semifinal da Libertadores.

GERSON

"Esse dia foi um dos melhores da minha vida. Desde a nossa saída do Ninho até a chegada no Maracanã com uma recepção espetacular. Não tem como você não entrar diferente diante de tudo aquilo que esteve envolvido no pré--jogo. A gente entrou 200% naquela partida. Foi ali que começou a febre do Vapo Vapo, em um vídeo depois do jogo que viralizou. Foi o jogo em que eu entendi, na prática, como a torcida do Flamengo nos ajuda a ganhar jogos.

XADREZ
COLORADO
★★★★★★★★★★★★★★★★★★★★

Quatro semanas mais tarde começavam as quartas de final para o Flamengo. O chaveamento pôs um adversário brasileiro no caminho dos rubro-negros: o Internacional, de sucessos recentes na Libertadores em 2006 e 2010 e dono de ótima campanha em 2019. Na fase de grupos, os colorados tinham deixado o campeão River Plate para trás e ficaram com o primeiro lugar da chave A, com 14 pontos (quatro vitórias e dois empates em um grupo que ainda contava com o Alianza de Lima e o Palestino do Chile). Nas oitavas, os gaúchos mantiveram a invencibilidade ao derrotar o Nacional de Montevidéu na ida (1 X 0 no Uruguai) e na volta (2 X 0 no Beira-Rio).

EVERTON RIBEIRO

> O Inter era uma grande equipe, com jogadores de alto nível. Jogar um clássico nacional assim é mais difícil do que pegar uma equipe de fora. A gente já se conhece, vê diariamente os jogos. Tem a questão da rivalidade também, então o jogo foi muito duro.

Na véspera do primeiro jogo entre Flamengo e Inter, no Maracanã, o clube da Gávea divulgou a lista de relacionados para o jogo sem o nome de Gabigol, que sentia dores na coxa esquerda. A duas horas do jogo, quando o ônibus do Flamengo chegou ao Maracanã, o centroavante de cabelos descoloridos desembarcou junto aos companheiros. O colombiano Gustavo Cuéllar, que passou a semana negociando sua ida para o Al-Hilal, da Arábia Saudita, também veio para o jogo. Do lado gaúcho, a grande expectativa era pelo reencontro de Paolo Guerrero com o Flamengo. O atacante peruano tinha trocado a Gávea pelo Sul um ano antes após propor renovação de três anos de contrato ao clube carioca em meio ao cumprimento de suspensão de 14 meses por doping. A diretoria do Flamengo recusou o compromisso longo e o Inter aceitou fazer a aposta. Anunciou Guerrero em agosto de 2018 e esperou até abril de 2019 para tê-lo em campo. O peruano já tinha 11 gols em 19 jogos até ali com a camisa colorada e era a principal ameaça à defesa rubro-negra.

A qualidade na defesa de Jorge Jesus aumentava com a estreia de Filipe Luís na Libertadores pela lateral esquerda. As primeiras impressões deixadas por Pablo Marí e Rafinha contra o Emelec reforçavam a confiança, assim como o retorno de Rodrigo Caio.

RODRIGO CAIO

Eu vinha de uma lesão bem chata, tive um trauma muito forte no ísquio, numa região bem dolorida. A minha recuperação levaria seis semanas, mas em três semanas a gente tinha o jogo contra o Inter. Me preparei muito fazendo fisioterapia, trabalho à parte, tudo pra entrar nesse jogo em plenas condições. Já imaginava que ia ter o confronto direto com o Guerrero, que eu já tinha enfrentado na época do São Paulo, quando ele ainda estava no Corinthians.

EVERTON RIBEIRO

Filipe Luís e Rafinha eram jogadores consagrados. A maneira como eles chegaram, querendo muito, sabendo que podiam escrever a história no Flamengo, isso nos deu muita qualidade. Faz muita diferença ter uma saída de bola, ter na marcação Filipe Luís e Rafinha do lado, isso nos deu ainda mais confiança. A gente via que o Filipe Luís acabava de chegar da Seleção querendo ganhar mais títulos e isso anima uma equipe. Fora a bagagem que eles traziam.

Everton Ribeiro e Arrascaeta também estavam entre os titulares, deixando Gerson como opção no banco. Quando o time saiu do túnel, mais um mosaico esperava os 11 jogadores do Flamengo. "PELA COPA", em letras brancas e fundo rubro-negro, era o comando que vinha da arquibancada do Maracanã.

O início de jogo foi típico de Libertadores, com muita marcação no meio-campo, pouco espaço para criação e algumas jogadas mais ríspidas, como uma trombada de Guerrero em Diego Alves. A primeira chance foi do Inter, em falta pela ponta esquerda que Rafael Sóbis tentou cobrar direto e mandou por cima, aos sete minutos. O Flamengo conseguiu ameaçar aos oito, quando o lateral Bruno tentou dar um chapéu em Filipe Luís e perdeu a bola para Arrascaeta. O uruguaio acionou Gabigol, que com o peito entregou para Everton Ribeiro. O camisa 7 carregou a bola pela intermediária e chutou de direita, rasteiro, para Marcelo Lomba espalmar. Aos 11, a chegada rubro-negra foi na bola parada. Arrascaeta bateu escanteio pela direita e Rodrigo Caio subiu mais que o zagueiro argentino Cuesta, cabeceou para o chão, mas a bola parou em Marcelo Lomba.

A força empregada em cada disputa começou a esquentar a partida. Perto da linha central, próximo à lateral direita, Rafael Sóbis deu um bico na bola na direção de Gabigol para forçar o lateral. O lance foi perto da área técnica de Jorge Jesus, que tentou segurar o esquentado atacante do Flamengo e acabou esbarrando em Sóbis. O jogador do time gaúcho foi para cima do técnico português, que tentou se explicar apontando para Gabigol. O árbitro chileno Roberto Tobar contornou a situação com tranquilidade.

Só aos 18 minutos o Flamengo ameaçou de novo. Arão roubou a bola de Patrick no meio-campo e acionou Bruno Henrique com espaço para avançar na intermediária. O atacante ainda estava longe da grande área quando arriscou a finalização. A bola quicou um pouco antes de ser rebatida em ótima defesa de Marcelo Lomba.

Willian Arão desarmava, subia e até se arriscava na ponta direita. Após tabela com Everton Ribeiro, cruzou para Bruno Henrique na área. O atacante ganhou do lateral Bruno pelo alto e cabeceou para mais uma defesa de Lomba. Já eram 28 minutos de um jogo tenso. D'Alessandro e Sóbis eram presas fáceis para a forte marcação rubro-negra e a bola não chegava a Guerrero. Gabigol tinha a mesma dificuldade e saía bastante para buscar o jogo. A melhor chance rubro-negra veio aos 45 minutos, quando Filipe Luís avançou pela esquerda e encontrou Everton Ribeiro livre na meia-lua. O meia acionou Gabigol um pouco antes da marca do pênalti e o chute de canhota desviou no zagueiro Moledo e foi rebatido pelo goleiro Marcelo Lomba. O primeiro tempo terminaria com 16 faltas, e impressionantes 70% de posse de bola para o Flamengo.

Arrascaeta, com gastroenterite, não voltou para o segundo tempo. Jorge Jesus apostou em Gerson para os 45 minutos finais, positivamente impressionado pelos dois jogos do meia contra o Emelec. Com um minuto da segunda etapa, Paolo Guerrero levou cartão amarelo por entrar de sola em uma dividida com Rafinha. Descontrolado, talvez pelas provocações da torcida de seu ex-clube, o peruano bateu boca com o lateral do Flamengo e flertou com a expulsão. O árbitro Roberto Tobar deixou o jogo correr. As disputas ficavam cada vez mais ríspidas, assim como a pressão dos jogadores das duas equipes sobre o juiz. O Inter complicava a saída de bola e não deixava o Flamengo jogar. O técnico Odair Hellmann sacou Rafael Sóbis para a entrada de Wellington Silva, um atacante bem mais veloz que o titular, e deu descanso ao veterano D'Alessandro, substituído por Nico López. A menos de meia hora do fim do jogo, os colorados se armavam para explorar os contra-ataques.

O Flamengo fazia pouco e falhava sempre no último passe. A torcida dava sinais de apreensão. A situação só não era mais complicada porque Rodrigo Caio não deixava espaços para Guerrero e os laterais Rafinha e Filipe Luís faziam uma partida impecável na marcação.

FILIPE LUÍS

Eu tinha muita vontade de disputar um jogo da Libertadores. Naquela partida eu atingi um nível de concentração que fazia muito tempo que não atingia. Concentração de Copa do Mundo. Eu não cometia erros, só pensava na bola, na jogada. Vivi aquele jogo como se fosse o primeiro na carreira. Fiz um jogo supercompleto, talvez um dos meus melhores até hoje com a camisa do Flamengo.

Nas poucas chances do segundo tempo, o Inter era mais perigoso. E acreditando que era possível ganhar no Maracanã, o time gaúcho deixou espaço para um contra-ataque puxado por Filipe Luís aos 29 minutos. O lateral fez o desarme, chegou ao campo de ataque pelo meio e lançou para Everton Ribeiro pelo lado esquerdo. O camisa 7 deu dois toques na bola e viu a infiltração de Bruno Henrique entre os zagueiros. O atacante armou o chute na meia-lua, mas foi derrubado por Cuesta. A sobra ficou com Gerson na área. O meia viu Lomba sair do gol e poderia ter chutado, mas fez diferente: rolou de volta para Bruno Henrique, que se levantou rápido para receber a bola um pouco antes da pequena área e tocou para o gol vazio. Na comemoração, o atacante se ajoelhou sobre o imenso escudo do Flamengo atrás do gol e se curvou à torcida, completamente enlouquecida.

EVERTON RIBEIRO

A gente tentava pressionar, mas eles estavam bem-postados. Consegui dar um belo passe. Quando o Bruno foi chutar, pra você ver como tava difícil, tomou o corte. O Gerson acompanhou bem e foi muito inteligente de deixar o Bruno na cara do gol. Foi o que nos deu tranquilidade pra continuar fazendo um bom jogo.

GERSON

Foi uma jogada do Bruno Henrique e a bola "espirrada" sobrou para mim. Consegui chegar na frente do zagueiro e dei um toquinho para o Bruno Henrique marcar. Foi uma jogada difícil, pois tive que definir, em coisa de segundos, entre concluir ou dar o passe. Não conseguiria fazer o gol, o goleiro deles estava muito em cima. Consegui o passe e o Bruno abriu o placar e o caminho para a nossa vitória.

O gol chorado desafogou os mais de 60 mil rubro-negros que lotavam o Maracanã. Era a prova de que mesmo nos momentos mais difíceis o Flamengo de Jorge Jesus se mantinha ligado na partida, intenso, fiel à sua maneira de jogar. O Inter, que vinha fazendo uma partida perfeita até o gol de Bruno Henrique, ainda estava grogue quando sofreu o segundo. Gabigol apareceu entre as linhas de defesa do Inter e anteviu a movimentação de Bruno Henrique na entrada da área. O ponta se movia para a esquerda, trazendo o zagueiro Cuesta na marcação, quando parou. O argentino demorou a perceber e não conseguiu impedir que Bruno Henrique penetrasse a área e chutasse cruzado, no canto direito de Marcelo Lomba.

O êxtase pelos dois gols quase seguidos virou tensão quando o VAR chamou Roberto Tobar para avaliar um possível pênalti contra o Flamengo. Em disputa entre Guerrero e Rodrigo Caio, a bola tocou na coxa direita do zagueiro, subiu e bateu no braço dele.

RODRIGO CAIO

> Naquele lance do Guerrero, eu tinha plena convicção que não seria nada. No momento que eu fecho, ele tenta me cortar. Eu fecho, eu vejo que a bola bate na minha coxa. A minha mão tava perto do corpo, até conversei com o Guerrero na hora: "Não, Guerrero. Não foi nada! A bola bateu na minha perna!". E ele: "Não, não! Bateu na sua mão!". Eu disse: "Ele vai olhar no VAR e vai ver que não foi nada". E o juiz fez exatamente isso.

Já aos 39, Bruno Henrique recebeu um excelente lançamento de Gerson na área pela esquerda e teve a chance de marcar o terceiro, mas preferiu servir Gabigol. Livre na pequena área, o camisa 9 chutou o vento, perdendo uma chance absolutamente incrível.

O Inter ainda teve três chances de gol até o fim da partida, a melhor delas aos 45. Pablo Marí errou uma matada de bola sozinho e deu a bola de presente a Guilherme Parede. Com um toque, o atacante deixou Nico López livre. O uruguaio invadiu a área, saiu da marcação de Rodrigo Caio e chutou com violência. A bola passou a centímetros da trave esquerda de Diego Alves, que tinha pulado para o outro lado.

Os seis minutos de acréscimos passaram devagar. Bruno Henrique foi substituído por Piris da Motta para gastar tempo e deixou o gramado aplaudido de pé pela massa rubro-negra e pelos companheiros no banco, marcando seu nome como personagem principal de um jogo marcante do Flamengo na busca do sonho adiado por 38 anos.

O placar foi exagerado perto do equilíbrio entre os times? Talvez, mas um prêmio à eficiência rubro-negra na hora de aproveitar as poucas chances que apareceram no jogo.

RODRIGO CAIO

> É um jogo que sem dúvida vai ficar marcado pra mim. Eu consegui muito bem, junto com o Pablo, marcar o Guerrero e tirar ele totalmente do jogo. Isso é mérito total da nossa linha de quatro em tirar o campo do adversário da forma como o Mister gosta e trabalha com a gente diariamente.
>
> Eu lembro até hoje que, quando acabou o jogo, o Pablo virou pra mim e disse: "Cara, é muito fácil jogar ao seu lado!". Havia uma parceria muito grande.

Nem ele nem eu queríamos ser melhores que o outro. A gente queria ser bom pro time. E a gente sabia que se estivéssemos fortes pro time, nosso ataque em algum momento ia achar uma oportunidade de gol.

Exatamente uma semana depois os times se reencontraram em Porto Alegre. O Beira-Rio pulsava na fé da virada, com a torcida colorada cantando alto e iluminando o estádio com as lanternas de celulares. Os rubro-negros ocuparam 2.500 lugares no estádio utilizado na Copa do Mundo de 2014. Odair Hellmann mandou a campo o mesmo time que fez um jogo duríssimo no Rio de Janeiro, enquanto Jorge Jesus teve que substituir o suspenso Willian Arão. Gerson, que brilhou no segundo tempo do jogo de ida na vaga de Arrascaeta, encararia a posição de segundo volante com tranquilidade e qualidade. Mesmo com a saída para o Al-Hilal selada, Cuéllar também viajou para Porto Alegre e não descaracterizou tanto o setor, que já estava sem um titular.

O árbitro argentino Patricio Loustau apitou o início da partida e o Flamengo, jogando de branco, deu a saída. Era quase consenso imaginar o Inter partindo com apetite, mas foram os rubro-negros que tiveram a primeira grande chance do jogo com 48 segundos de bola rolando, numa batida cruzada de Arrascaeta de fora da área que Marcelo Lomba espalmou. Com um minuto e quarenta de partida, Cuéllar tabelou com Everton Ribeiro e enfiou uma bola perfeita para Gabigol. O centroavante recebeu na meia-lua, viu o goleiro colorado crescer na sua frente e tentou o gol por cobertura. A bola desviou em Marcelo Lomba e encobriu o travessão por centímetros. Os lances foram dois lembretes para o Inter de que um gol dos cariocas os obrigaria a marcar quatro vezes para ir à semifinal.

A tensão que marcou o primeiro jogo no Rio de Janeiro se repetia em Porto Alegre. Aos 15 minutos, Rafael Sóbis fez falta em Bruno Henrique e foi atingido por Cuéllar depois do apito. O atacante colorado partiu para cima do volante colombiano. Gabigol, com quem Sóbis tinha se desentendido na ida, veio correndo para empurrar o atacante do Inter e tomou uma leve cabeçada. Patricio Loustau deu cartões amarelos para Sóbis e Cuéllar e acalmou o princípio de tumulto. O Flamengo segurava a bola no campo de ataque e continuava criando chances, deixando sua vantagem de lado. Everton Ribeiro jogava centralizado e solto entre as linhas de defesa e meio-campo do Inter, sempre aparecendo para concluir de fora da área. O primeiro chute, aos 19, passou longe do gol. O segundo, Marcelo Lomba conseguiu encaixar.

Bruno Henrique ainda não tinha aparecido para incomodar a defesa do Inter, mas conseguiu dar as caras aos 22, quando bateu forte e rasteiro de fora da área. Outra vez Lomba se desdobrou e desviou para escanteio. O Flamengo dominava o meio-campo e deixava o adversário incomodado por não conseguir criar chances reais de gol. Aos 36, numa ida desorganizada ao ataque, o Inter permitiu que Bruno Henrique puxasse o contra-ataque e acionasse Everton Ribeiro. O capitão do Flamengo passou por dois marcadores na intermediária e serviu Filipe Luís, que subia pela esquerda e mandou um petardo de fora da área. Marcelo Lomba rebateu para a frente, mas Bruno Henrique não conseguiu aproveitar o rebote.

A primeira chance real de gol para os gaúchos só aconteceu aos 41 minutos, quando Bruno foi até a linha de fundo pela direita e cruzou para Patrick bater da meia-lua. O chute perigoso passou quicando à esquerda de Diego Alves. Aos 43 o Inter tentava manter a posse no campo de ataque, mas Lindoso teve um passe interceptado por Pablo Marí. O espanhol lançou para Gabigol, que deixou de primeira para a corrida de Bruno Henrique. Enquanto o ponta corria com a bola pelo meio e chamava a marcação, Gabigol abriu pela esquerda esperando o passe. E ele veio, milimétrico. O centroavante, livre, conseguiu tirar do goleiro, mas o chute passou rente à trave esquerda de Marcelo Lomba e saiu.

Enquanto Gabigol ainda se lamentava, deitado no gramado, o Inter partia para contra-atacar e ameaçou pelo alto, com Sóbis escorando cruzamento de Edenílson. A conclusão, fraca, morreu nas mãos de Diego Alves. Tirando um leve desentendimento entre o goleiro do Flamengo e o argentino D'Alessandro, com cartão amarelo para ambos, nada mais aconteceu no primeiro tempo.

O Inter só tinha mais 45 minutos para mudar o panorama, mas Odair Hellmann voltou com o mesmo time que não funcionou na etapa inicial. O Flamengo, abusando da calma, trocava passes e aumentava o desespero colorado. Odair não esperou cinco minutos para chamar o atacante Nico López para o lugar de Rafael Sóbis. Pablo Marí e Rodrigo Caio dominavam a defesa, acumulando desarmes e vantagem nas bolas aéreas; no ataque, o time de Jorge Jesus continuava com marcação alta, mas não criava oportunidades de gol.

Sem repertório ofensivo, os gaúchos só conseguiam chegar em bolas altas, mas eram facilmente neutralizados. Antes de chegar aos dez minutos, o treinador do Inter colocou mais um atacante em campo, Wellington Silva, sacando o lateral esquerdo Uendel e puxando o volante Patrick para a posição.

Em 16 minutos, ninguém tinha finalizado com perigo até surgir uma falta de Cuéllar sobre Patrick no setor esquerdo de ataque. D'Alessandro levantou a bola no primeiro pau, Rodrigo Lindoso se antecipou a Bruno Henrique e cabeceou entre Diego Alves e a trave direita. O Inter abria o marcador e, depois de seis minutos de espera para que o VAR confirmasse o gol, estava de volta à briga pela vaga na semifinal.

A vantagem ameaçada acordou o Flamengo, que quase conseguiu o empate numa jogada de extrema habilidade de Everton Ribeiro. O camisa 7 deu um chapéu em Lindoso e acionou Bruno Henrique entre os zagueiros. O atacante rubro-negro bateu forte no meio do gol e Marcelo Lomba conseguiu encaixar a pancada, sem dar rebote.

Preocupado com Cuéllar, já amarelado no primeiro tempo, Jorge Jesus sacou o colombiano e deu entrada a Piris da Motta. Mais tarde também apostou na velocidade de Orlando Berrío para os contra-ataques e tirou Everton Ribeiro.

Os gaúchos só precisavam de mais um gol para levar a decisão para os pênaltis. Aos 36, Guerrero e Nico López conseguiram envolver a defesa do Flamengo e o uruguaio deixou a bola para Wellington Silva na entrada da área. A batida perigosa passou por cima do gol de Diego Alves. No minuto seguinte, Odair substituiu o zagueiro Cuesta por outro argentino, o atacante Sarrafiore. Lindoso deixava a cabeça de área para ser zagueiro. Era tudo ou nada.

O abafa do Inter crescia e, em um cruzamento de Wellington Silva pela esquerda, Pablo Marí tentou desviar e tirou Diego Alves da jogada. Por sorte, a bola saiu em escanteio. Após a cobrança, justamente no melhor momento colorado no jogo, Arrascaeta marcava Sarrafiore no lado esquerdo da defesa e tomou a bola do argentino. O uruguaio do Flamengo lançou para Bruno Henrique, que partiu do campo de defesa com a companhia de Gabigol e apenas um marcador colorado pela frente, o volante Edenílson. Bruno atraiu a marcação e rolou para Gabigol, livre na área, tocar para o gol vazio e selar a classificação rubro-negra. Entre os 49.614 torcedores que quebravam o recorde de público do Beira-Rio, eram os cerca de 2.500 de vermelho e preto que cantavam mais alto agora. Foram 35 anos de espera para retornar a uma semifinal de Libertadores.

ARRASCAETA

A gente se acostumou a jogar de uma perspectiva nova quando estamos defendendo. Eu peguei a bola e lancei para o Bruno, e depois na jogada acabamos empatando e pudemos avançar para as semifinais. Mesmo depois de tomar um gol a gente continuou jogando do mesmo jeito. Nosso time tem jogadores muito qualificados, muito rápidos.

PASSAGEM DE BASTÃO

★★★★★★★★★★★★★

O Grêmio tinha vencido a Libertadores duas temporadas antes com um futebol ofensivo e coerente com a história de seu treinador, Renato Portaluppi. Campeão brasileiro com o Flamengo em 1987 e Bola de Ouro daquela competição, o ex-ponta-direita também tinha feito os rubro-negros chorarem em 1995, marcando de barriga o gol que tirou do clube da Gávea o título carioca no ano do seu centenário. Campeão mundial e da Libertadores como jogador do Grêmio em 1983, Renato tinha assumido o cargo de treinador em 2016 e venceu a Copa do Brasil no mesmo ano. Em tom de brincadeira, pediu para ser homenageado com uma estátua em tamanho natural na Arena do Grêmio. Depois da conquista da Libertadores, foi difícil para o presidente Romildo Bolzan negar a homenagem. A estátua foi inaugurada em março de 2019. Com seis títulos conquistados em dois anos e meio de trabalho, o prestígio de Renato era tão grande quanto sua autoconfiança.

"O Grêmio gosta de ganhar, gosta da bola, gosta de agredir. O Grêmio tem, sim, o melhor futebol do Brasil. O Grêmio tem o melhor futebol do Brasil *com resultado*." O recado do treinador do time gaúcho em entrevista coletiva dada em 28 de agosto tinha destino. O Flamengo liderava o Campeonato Brasileiro e vinha sendo cada vez mais elogiado pela qualidade de seu jogo.

No dia seguinte às declarações de Renato, o Flamengo eliminou o Inter na Libertadores e Jorge Jesus rebateu o comandante gremista. "É a opinião dele. No Campeonato Brasileiro, quem joga melhor é quem está na frente. Ninguém que joga mais bonito está atrás. Para mim, quem joga melhor é o Flamengo."

A saída de Cuéllar finalmente abriu espaço para que Jorge Jesus consolidasse a escalação que nunca mais seria esquecida pelos rubro-

-negros: Diego Alves, Rafinha, Rodrigo Caio, Pablo Marí e Filipe Luís; ao lado de Willian Arão, o coringa Gerson. Mais adiante, Everton Ribeiro, Arrascaeta e Bruno Henrique, tendo Gabigol como principal referência ofensiva. Foi esse o time que chegou naquele 2 de outubro à Arena em Porto Alegre sob chuva e muitas vaias. Renato dizia que a obrigação de vencer era do Flamengo e empurrou o favoritismo para o time da Gávea. Quando o juiz argentino Néstor Pitana autorizou o início da partida, o time de Jorge Jesus parecia jogar em casa. Mais posse de bola, tranquilidade para ditar o ritmo da partida e um plano de jogo definido. Nervosismo só do lado de fora da Arena, onde muitos torcedores do Flamengo ainda não tinham conseguido entrar.

Havia espaço do lado direito da defesa do Grêmio. Aos oito minutos, Bruno Henrique deixou Galhardo na saudade com um drible de corpo. O atacante chegou à linha de fundo e cruzou para trás. Arrascaeta recebeu um pouco antes da pequena área e finalizou de canhota. O chute rasante passou perto da trave esquerda de Paulo Victor e se perdeu pela linha de fundo. Um minuto depois, Bruno Henrique voltaria a dar trabalho numa batida de fora da área que desviou na marcação de David Braz e beliscou a trave. A resposta do Grêmio veio aos dez minutos, também de fora da área, com Alisson. A bola encobriu o gol de Diego Alves.

Revelado pelo Flamengo, o goleiro Paulo Victor tinha a dura missão de substituir Marcelo Grohe no gol do Grêmio. PV, como o goleiro era conhecido, tinha sido o herói do Grêmio na conquista do Gauchão 2019 ao defender três pênaltis no Gre-Nal, mas nem assim convenceu a torcida tricolor. Os sustos eram frequentes e mais um deles aconteceu aos 14 minutos de jogo. Ao sair jogando com as mãos, Paulo Victor entregou a bola nos pés de Gerson, na intermediária. O passe para Gabigol foi instantâneo e o centroavante chutou com violência. A bola passou à direita do goleiro, que se levantou atordoado e pediu calma aos companheiros.

A verdade é que os gaúchos não conseguiam ver a cor da bola. Filipe Luís surgiu mais uma vez na ponta esquerda e cruzou para a área, procurando Gabigol. Paulo Victor rebateu de soco em direção à meia-lua, onde estava Everton Ribeiro. O chute de pé esquerdo, aos 19 minutos, estufou a rede e gerou uma comemoração enlouquecida da torcida rubro-

-negra. O árbitro de vídeo argentino Mauro Vigliano, porém, percebeu que Gabigol tinha empurrado Kannemann antes do cruzamento e o gol foi anulado. Era vez de os gremistas comemorarem.

EVERTON RIBEIRO

Quando eu fiz o gol, comemorei muito! Realmente o Gabi deu um encontrão ali. Acredito que não tenha sido pro Kannemann cair, mas é Libertadores. Ele foi malandro ali, caiu, e o juiz deu a falta. Mas a gente continuou em cima, continuou criando.

A ação do VAR não esfriou o Flamengo, e aos 23 minutos Bruno Henrique rasgou a marcação pela esquerda e viu o deslocamento de Gabigol na área. O passe não demorou e o camisa 9 bateu em cima de Paulo Victor. O goleiro gremista tentou espalmar, mas incrivelmente a bola passou entre as mãos dele e entrou. O anjo da guarda Tricolor estava de plantão, e o assistente argentino Juan Pablo Belatti marcou corretamente o impedimento de Gabriel. O VAR confirmou a decisão após três minutos de espera. A posse de bola ao final do primeiro tempo era de 66% a 34% a favor dos cariocas, que mandaram nos primeiros 51 minutos de partida.

WILLIAN ARÃO

O primeiro tempo que nós fizemos na Arena do Grêmio praticamente não deixou que eles passassem do meio de campo. Até então todo mundo falava e a gente ouvia na imprensa: "O Grêmio vai atropelar o Flamengo!". Claro, são opiniões diferentes, a gente respeita todas elas. Mas fizemos dois gols, os dois anulados, e mostramos ali por que a gente tinha chegado na semifinal da Libertadores.

EVERTON RIBEIRO

Foi muito comentado esse jogo antes da bola rolar. Pelas declarações, pelos dois times estarem jogando um futebol ofensivo, bonito de se ver. A gente conseguiu impor um futebol muito dominante, conseguimos controlar a posse de bola e os ataques.

A sacudida de Renato no intervalo fez com que os jogadores do Grêmio voltassem marcando um pouco melhor. A primeira chance após o reinício de jogo foi aos cinco minutos, em uma falha de Filipe Luís. O lateral tentou cortar um lançamento na área, que seria facilmente dominado por Arão, e tirou o companheiro da jogada. Luan foi mais rápido e bateu cruzado, mas foi bloqueado por Pablo Marí. O camisa 7 do Grêmio tinha sido o melhor jogador da Libertadores de 2017, mas não conseguia repetir o nível daquela temporada havia algum tempo. Luan voltou a dar trabalho aos dez, quando girou na área e deu uma chicotada por cima do gol de Diego Alves. O Tricolor finalmente tinha entrado em campo na Arena.

A melhora do time da casa irritava o Flamengo, que viu Gabigol e Everton Ribeiro baterem boca após um contra-ataque desperdiçado. Os gaúchos chegaram outra vez após uma tabela de Tardelli e Alisson pela direita terminar com a batida do meia desviada para escanteio por Willian Arão.

O rubro-negro só conseguiu ameaçar com perigo pela primeira vez no segundo tempo aos 15 minutos. Bruno Henrique avançou pela esquerda, procurou Gabigol na meia-lua, e o centroavante mandou uma bola forte e rasteira bem perto da trave esquerda de Paulo Victor. A mensagem era clara: se o Grêmio quisesse propor o jogo, que se virasse para segurar os contra-ataques de almanaque do time de Jorge Jesus.

Everton Cebolinha, um dos destaques da conquista da Seleção Brasileira na Copa América três meses antes, ainda não tinha conseguido espaço na defesa do Flamengo. Aos 17 minutos ele aproveitou a marcação alta rubro-negra e se projetou para receber o passe de Luan entre os zagueiros e fuzilar da entrada da área. Diego Alves voou no canto direito e conseguiu espalmar para escanteio. Três minutos depois, mais uma pancada de fora da área, dessa vez com Matheus Henrique. Diego Alves, novamente bem-posicionado, foi de mão trocada desviar a bola por cima do travessão. Tenso, o time do Flamengo viu mais um desentendimento entre seus jogadores, dessa vez entre Filipe Luís e Willian Arão. Rodrigo Caio e Rafinha tentaram acalmar os ânimos.

> **FILIPE LUÍS**
>
> Nós dois estávamos falando a mesma coisa, mas no calor do jogo a gente falou de uma maneira ruim um com o outro. Começamos a discutir. Mas se tem

uma coisa que esse time do Flamengo tem é que ninguém leva nada pra casa. Todo mundo fala na cara. Já aconteceram várias vezes discussões durante o ano, mas isso eu aprendi com o Diego Simeone e é superimportante. Você resolver no campo, no vestiário, qualquer problema que tiver. Resolva logo. A gente continuou jogando, eu me machuquei no jogo. Depois chamei o Arão no vestiário, a gente conversou e ficou tudo certo.

O melhor remédio para acabar com a tensão chegaria aos 23 minutos. Arrascaeta apareceu na direita e cruzou no segundo pau. Os dois zagueiros do Grêmio estavam fora de posição, e quando o lateral direito Galhardo subiu para tentar o corte Bruno Henrique estava um patamar acima. O atacante cabeceou para o chão e a bola ainda raspou na trave antes de entrar. Nada a opor, disse o VAR. O Flamengo abria 1 X 0 em um momento em que o Grêmio era superior no jogo.

Figura dominante no meio-campo, Gerson sentiu a falta de ritmo de jogo e foi substituído por Piris da Motta pouco depois do gol. Os contra-ataques continuavam sendo construídos a cada falha gremista na frente. Num deles, aos 31, Bruno Henrique puxou toda a marcação para o lado direito do ataque e passou para Gabigol na área. O centroavante dominou e bateu, mas o chute saiu torto, à esquerda de Paulo Victor. Renato então sacou Tardelli, apagado, e apostou em André. O atacante, que tinha sido parceiro de Neymar no Santos, entrou sob um misto de vaias e aplausos.

O futebol de Everton Ribeiro continuava uma ameaça constante às linhas de marcação do Grêmio. Em um lance de muita visão, o meia percebeu que Arão preparava a infiltração na área pelo lado direito. O passe chegou na medida para o volante cruzar na pequena área e Gabigol completar, livre. A alegria não durou dois segundos, já que o assistente argentino Hernán Maidana levantou a bandeira. Decisão confirmada pelo VAR e o terceiro gol rubro-negro foi corretamente anulado. Renato fez as duas últimas alterações colocando Maicon no lugar de Michel e Pepê na vaga de Alisson. Faltavam nove minutos e acréscimos.

Bruno Henrique continuava acelerando nos contragolpes e, aos 38, ficou no mano a mano com David Braz na área. Corte seco para cima do zagueiro gremista e batida de pé esquerdo desviada para fora por Paulo Victor. Foram dois escanteios seguidos para o Flamengo no lado esquerdo de ataque. No segundo, o canhoto Everton Ribeiro bateu aberto e Pablo Marí acertou um lindo voleio que assustou os gaúchos, mas encobriu o gol. O gremista André conseguiu apresentar seu cartão de visitas aos quarenta minutos, quando Cortez cruzou da esquerda e o centroavante cabeceou para fora, à direita do gol.

Aos 42 do segundo tempo, o time que ameaçou o Grêmio com uma bateria de contra-ataques provou do próprio veneno. Filipe Luís ficou caído no ataque e os gaúchos se aproveitaram da defesa desorganizada do rival. Maicon enfiou para Everton Cebolinha na ponta direita, o atacante soltou o disparo em direção ao gol e Pepê fechou livre na pequena área para empatar o jogo em 1 X 1. O gol tardio e o empate ao final da partida deram ao Grêmio a esperança de reverter no Maracanã a desvantagem do gol sofrido em casa. A volta aconteceria em três semanas.

FILIPE LUÍS

> Lá em Porto Alegre fizemos um primeiro tempo que o Grêmio não tocou na bola. Foi praticamente um banho. No segundo tempo já foi complicado o jogo. Nisso que a gente fez o gol, eles empataram. Ficamos com aquele sabor amargo do jogo... A gente mereceu golear! Depois, conversando no CT, o nosso psicólogo Evandro Mota falou o seguinte: "Foi a melhor coisa a gente ter empatado esse jogo. Não vamos entrar pra defender o 1 X 0, não vamos entrar pra defender o resultado. Nós vamos entrar contra o Grêmio pra ganhar!".

O longo intervalo entre a primeira e a segunda partida foi de muito trabalho para os médicos dos dois clubes. Luan, que tinha tido alguns bons momentos no jogo de ida, era baixa certa no Grêmio com uma fissura no pé direito. Arrascaeta saiu da Arena com entorse no ligamento colateral e no menisco do joelho esquerdo e teve que passar por uma artroscopia. Dez dias depois, outro problema: Rafinha fraturou a face num jogo contra o Athletico Paranaense pelo Brasileirão. Atingido um pouco abaixo do olho esquerdo numa disputa aérea com o atacante Rony, o lateral rubro-negro foi operado oito dias antes da volta contra o

Grêmio. "Tirei a bola numa jogada boba e tive uma lesão no osso zigomático. Fraturei em duas partes faltando 15 dias pro jogo da volta contra o Grêmio. Não vou mentir, não, fiquei com medo. 'Pô, agora na hora boa eu vou ficar fora? Não acredito!'"

Pouco mais de uma hora antes de a bola rolar no Maracanã as escalações foram reveladas. Rafinha e Arrascaeta estavam confirmados entre os titulares, em mais um episódio que deixou evidente a qualidade dos médicos, fisiologistas e fisioterapeutas do clube. O time seria o mesmo de Porto Alegre.

ARRASCAETA

Increíble poder ter chegado nesse jogo. Certamente sabia que não ia estar 100%, mas não senti nenhuma dor no joelho. Me senti confiante. Doutor Tannure e os caras do departamento médico fizeram um grande trabalho. A gente se dedicou muito.

Renato tentou surpreender escalando o zagueiro Paulo Miranda como lateral direito, substituindo Tardelli por André e reforçando o meio-campo com Maicon na vaga de Luan. Geromel estava de volta à zaga ao lado de Kannemann. Do lado de fora do estádio, torcedores que não conseguiram ingressos tentavam invadir o Maracanã e foram dispersados com gás de pimenta e tiros de borracha. Do lado de dentro, mais um lindo mosaico rubro-negro foi armado para receber os jogadores: as palavras "Até o fim" e a silhueta do troféu da Libertadores, ambas em branco, se destacavam sobre listras vermelhas e negras quando o time de Jorge Jesus veio ao gramado.

PABLO MARÍ

No jogo de ida, fizemos uma partida praticamente perfeita. A gente foi pro jogo de volta com muita vontade. A semana antes dessa partida foi muito dura, ouvimos muitos comentários ruins. Acho que o Grêmio nos desvalorizou muito.

O argentino Patricio Loustau autorizou o início de jogo pontualmente às 21:30 horas. O 0 X 0 não servia para o Grêmio, mas Renato conhecia

Partiu Bolívia! Selfie do grupo do Flamengo pouco antes do embarque para a estreia contra o San José, na altitude de Oruro.

Destino Equador: trazendo caras novas como Pablo Marí e Rafinha, o time vai a Guayaquil para enfrentar o Emelec no jogo de ida das oitavas de final da Libertadores. Seria a estreia do técnico Jorge Jesus na competição.

O imenso mosaico traz a promessa cumprida pela torcida até o último pênalti contra o Emelec. Pablo Marí, que fazia seu primeiro jogo de Libertadores no Maracanã, ficou impressionado com a recepção: "Nunca vou esquecer essa imagem na minha vida!".

© Nayra Halm

O Flamengo tinha pressa para reverter os 2 X 0 que o Emelec fez no jogo de ida. Rafinha sofreu pênalti aos sete minutos do primeiro tempo e Gabigol se apresentou para cobrar. O goleiro Dreer escolheu o canto esquerdo...

... e nem saiu na fotografia. O centroavante do Flamengo chapou a bola do lado direito e o Mengão fez 1 X 0. Enquanto Everton Ribeiro vibrava, o camisa 9 buscava a bola apressadamente. O placar ainda favorecia os equatorianos.

O Flamengo vencia por 2 X 0 quando Thuler, livre na pequena área, perdeu um gol feito. O gesto de incredulidade de Willian Arão e Gerson em campo foi repetido por milhares de torcedores rubro-negros.

Renê abraça Diego Alves depois de acertar sua cobrança e fazer 3 X 2 para o Flamengo sobre o Emelec nos pênaltis. O lateral passou força ao goleiro: "Agora é tua vez!". O camisa 1 prometeu: "Pode deixar, vou pegar!".

Arroyo, volante do Emelec, bateu à meia-altura no canto direito e Diego Alves defendeu. Rafinha acertou o pênalti seguinte e fez 4 X 2. Queiroz não podia errar a cobrança, mas chutou no travessão e o Flamengo ficou com a vaga.

Diego Alves segurando quadro pintado pelo artista plástico Beto Candia, homenageando o pênalti defendido contra o Emelec nas oitavas de final da Libertadores. Quem disse que só os golaços podem virar pinturas?

Em 23 de julho de 2019, Filipe Luís postou no Instagram essa antiga foto ao lado do avô, Ivo Stinghen. "Sentimento que passa de pai para filho, de vô para neto. O coração balança. Chegou o grande dia, dia de realizar meu sonho de criança. Sou jogador do meu Mengão."

Vitoriosos no futebol europeu, Rafinha e Filipe Luís trouxeram ao Flamengo experiência, liderança, qualidade técnica e muita vontade de vencer. Os dois se entrosaram rapidamente com o grupo dentro e fora de campo.

© Nayra Halm

Flamengo entra em campo para o jogo de ida das quartas de final da Libertadores contra o Internacional, no Maracanã. Pablo Marí é seguido por Rodrigo Caio, Cuéllar, o estreante Filipe Luís, Arrascaeta e Bruno Henrique.

© Alexandre Neto

Time do Flamengo que venceu o jogo de ida contra o Inter no Maracanã. Em pé: Diego Alves, Pablo Marí, Filipe Luís, Willian Arão e Rodrigo Caio. Agachados: Gabriel, Cuéllar, Rafinha, Everton Ribeiro, Arrascaeta e Bruno Henrique.

Guerrero foi ao Maracanã enfrentar o ex-clube, mas Filipe Luís e a defesa do Flamengo não o deixaram jogar.

Bruno Henrique extravasa depois de marcar o primeiro gol do Flamengo contra o Internacional, no Maracanã. O atacante fez uma de suas maiores atuações pelo clube e deixou o campo aplaudido de pé ao ser substituído.

Alívio no Beira-Rio: Gabigol aproveita o passe de Bruno Henrique e finaliza de primeira para empatar o jogo com o Internacional em 1 X 1. O Flamengo alcançava as semifinais da Libertadores após 35 anos de espera.

Gabigol e Diego Alves celebram a classificação para a semifinal da Libertadores com mais de 2 mil torcedores rubro-negros em Porto Alegre. A vitória do Flamengo impediu um Gre-Nal que valeria a vaga na decisão.

Jogadores do Flamengo fazem a corrente final antes do jogo contra o Grêmio em Porto Alegre. O time de Jorge Jesus teve mais uma atuação sólida e marcou quatro gols nos gaúchos. Três foram corretamente anulados.

Em um patamar acima: Bruno Henrique supera Rafael Galhardo pelo alto, aproveita o cruzamento de Arrascaeta e marca 1 X 0 na Arena. Foi o quarto gol do atacante na Libertadores 2019. Os gaúchos empatariam mais tarde.

Gabriel corre para celebrar o segundo do Flamengo na goleada de 5 X 0 sobre o Grêmio, no Maracanã. O atacante se antecipou a Cortez no rebote de um escanteio e chutou forte com a perna esquerda. Paulo Victor não teve nenhuma chance.

© Alexandre Neto

Gabriel festeja o segundo gol em cima do Grêmio com o cartaz de um torcedor. As placas com a mensagem "Hoje tem gol do Gabigol" se multiplicavam a cada partida. O gesto foi punido com uma multa de 15 mil dólares.

Arrascaeta ao lado do fisioterapeuta Eduardo Calçada e dos médicos João Marcelo, Márcio Tannure e Gustavo Caldeira. A excelência na recuperação de jogadores foi decisiva para o êxito do Flamengo em 2019.

Diego Alves, Diego, Marcos Braz, Filipe Luís, Gabigol e Arrascaeta posam no gramado do estádio Monumental de Lima a 24 horas do duelo com o River Plate. Os seis tentavam vencer a Libertadores pela primeira vez.

A ida de Filipe Luís para o Flamengo teve o dedo de Diego. Os dois se tornaram grandes amigos após jogarem juntos no Atlético de Madri.

Post de Diego na véspera da finalíssima: "O palco da grande final está pronto e nós também, agora vamos descansar que amanhã tem decisão!".

Os protagonistas da virada mais emocionante da história da Copa Libertadores.
Em pé: Diego Alves, Pablo Marí, Filipe Luís, Willian Arão e Rodrigo Caio.
Agachados: Gabigol, Rafinha, Everton Ribeiro, Arrascaeta, Gerson e Bruno Henrique.

© Alexandre Neto

Lima foi indicada para substituir Santiago como sede da primeira final única da história da Libertadores. O Chile enfrentava uma onda de protestos, e o estádio Monumental foi o escolhido para receber a decisão.

Jorge Jesus tentou acertar o time do Flamengo durante o difícil primeiro tempo contra o River Plate. Os limites da área técnica não foram suficientes para a intensidade do treinador (repare o pé esquerdo sobre a linha lateral).

Alívio para os rubro-negros: Gabigol empata o jogo em Lima aos 43 minutos do segundo tempo. Arrascaeta roubou a bola, Bruno Henrique atraiu a marcação e o uruguaio se infiltrou para deixar o camisa 9 livre com o gol vazio.

"Calma, eu estou aqui." Gabriel apareceu quando o Flamengo mais precisava dele. E o melhor ainda estava por vir.

O relógio marca 46 minutos do segundo tempo. Gabriel prepara a perna esquerda para o chute que irá eternizá-lo como o grande herói de uma conquista esperada há 38 anos.

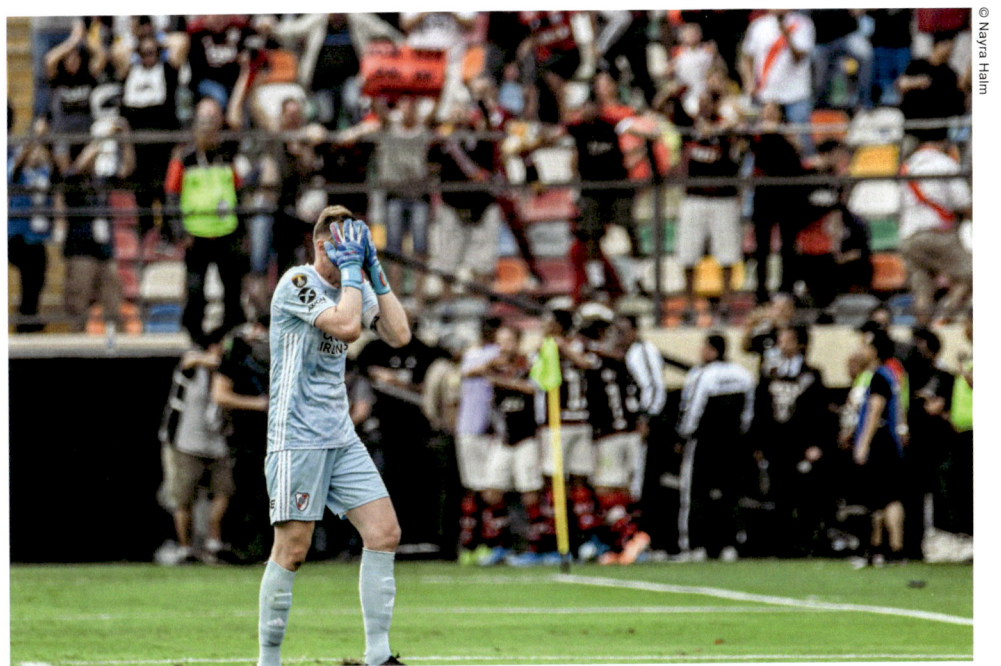

O desespero de quem tinha o título nas mãos e viu a "Glória Eterna" escapar: em apenas três minutos, o River Plate do goleiro Franco Armani permitiu a virada e adiou o sonho de conquistar a Libertadores pela quinta vez.

Apito final em Lima! O vice-presidente de futebol Marcos Braz, o técnico Jorge Jesus e o supervisor Gabriel Skinner comemoram o título que parecia perdido poucos minutos antes. Fim do jejum de 38 anos!

De aposta arriscada a herói do título: Gabriel terminou a temporada como artilheiro da Libertadores (nove gols) e do Brasileirão (25 gols), construindo com a torcida uma relação de idolatria que não se via no Flamengo há anos.

Festa dos zagueiros Rhodolfo e Rodrigo Caio, que erguem a Libertadores diante da torcida do Flamengo, em Lima.

Everton Ribeiro comemora com o filho Augusto, o Baby Guto, a sonhada conquista da Libertadores. O meia finalmente conseguiu alcançar os grandes títulos que buscava desde a sua chegada ao Flamengo em 2017.

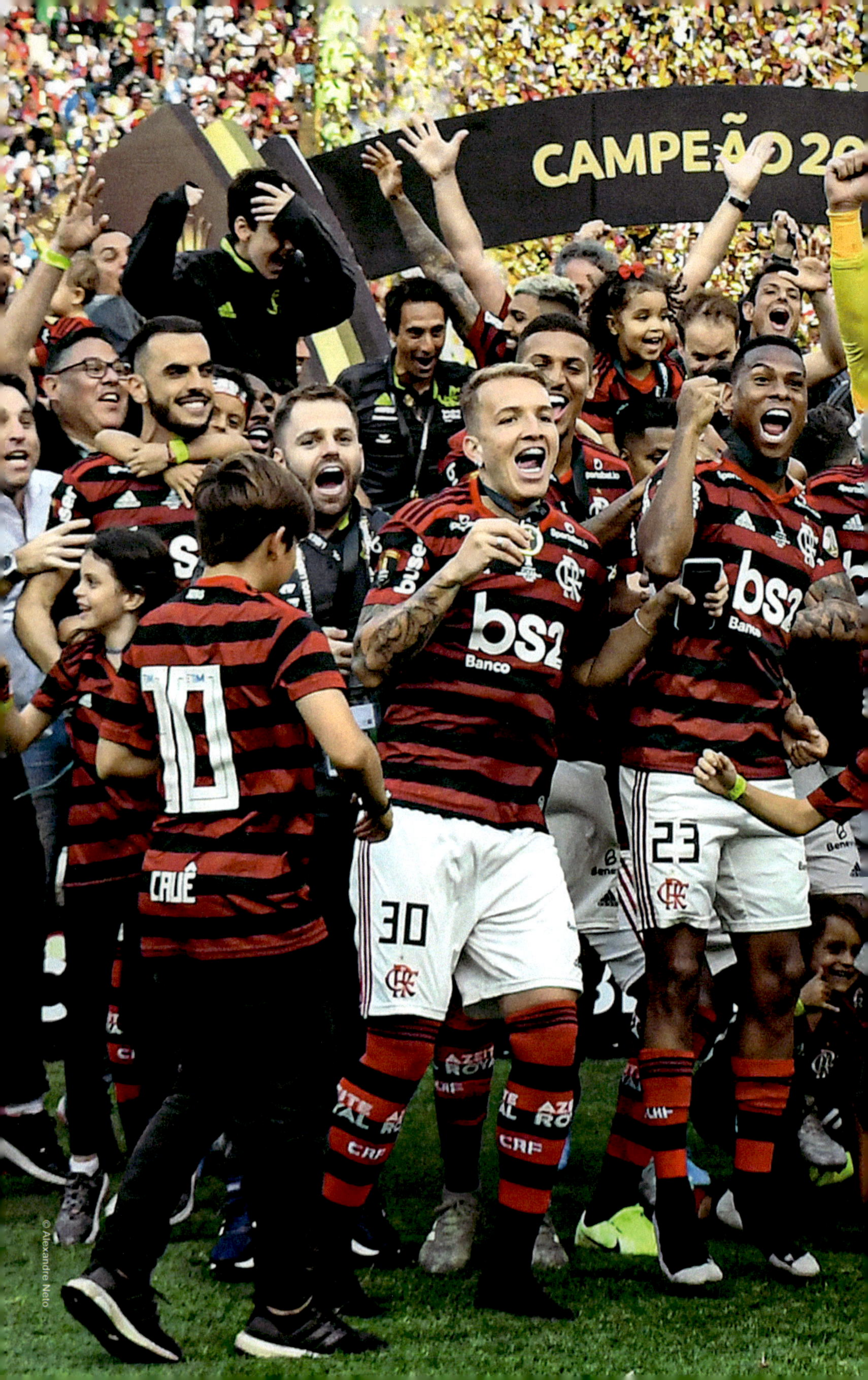

© Alexandre Neto

Uma taça, três capitães: Everton Ribeiro divide com Diego Alves e Diego Ribas o privilégio de levantar a Copa Libertadores. No elenco recheado de craques, os objetivos coletivos falaram mais alto do que o ego dos grandes jogadores.

O português Jorge Jesus foi o segundo técnico europeu a conquistar a Copa Libertadores, alcançando o feito 28 anos depois do iugoslavo Mirko Jozic, que venceu a competição sul-americana com o Colo-Colo do Chile, em 1991.

Diego parecia carta fora do baralho na Libertadores após a fratura de tornozelo no jogo contra o Emelec nas oitavas, mas conseguiu voltar nas semifinais. Na decisão, fez o lançamento para o gol da virada, marcado por Gabriel.

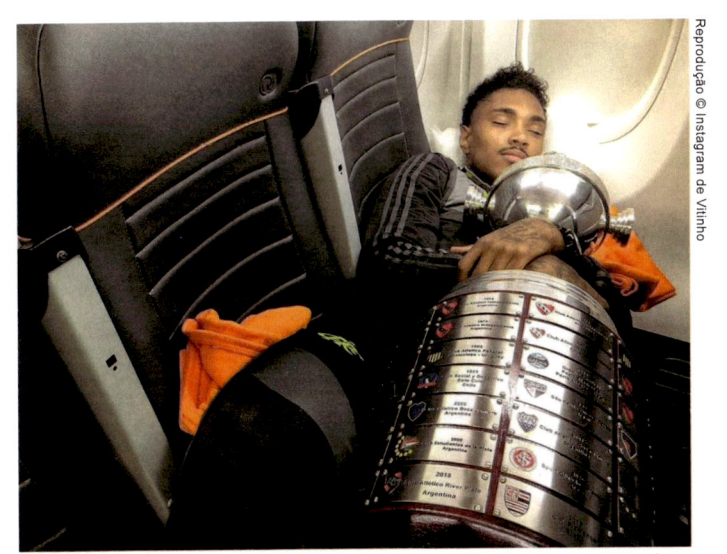

Vitinho dorme com o troféu da Libertadores no voo de Lima para o Rio de Janeiro. O meia chegou ao Flamengo para substituir Vinícius Júnior e foi a contratação mais cara da história do clube até então (10 milhões de euros).

Identificado com o São Paulo, Rodrigo Caio viu seu futebol renascer no Flamengo. No dia seguinte à final contra o River Plate, postou: "O sonho virou realidade, o trabalho árduo valeu a pena. Obrigado meu Deus por esse momento mágico e histórico. #JOGAMOSJUNTOS".

As quatro pistas da avenida Presidente Vargas são tomadas pela torcida do Flamengo. Quem não pôde estar em Lima foi ao centro do Rio de Janeiro no dia seguinte para receber os heróis da conquista da Libertadores.

No alto do trio elétrico, Gabigol ri enquanto Filipe Luís prepara o beijo no troféu esperado há 38 anos. Era a primeira temporada de ambos pelo time rubro-negro.

Esta era a visão de Filipe Luís quando o desfile começou. "Tinha quase um milhão de pessoas! Eu não conseguia ver o final daquela multidão!"

Selfie de Diego Alves com Everton Ribeiro no trio. Na memória do goleiro, "foi um carnaval! Só acredito que foi real mesmo quando vejo imagens daquele dia!".

Diego atravessou momentos delicados antes de levantar a Libertadores. "Decidi ir até o fim. Vim com a meta de um título marcante. Teve muita cobrança, algumas frustrações, mas o final foi perfeito. Valeu a pena cada esforço."

A qualidade de Arrascaeta conquistou a torcida do Flamengo em pouco tempo. "É um momento que vai ficar marcado para sempre. A gente comemorou junto com os torcedores, vivemos uma alegria inexplicável!"

Celebração de gerações vitoriosas do Flamengo no Jogo das Estrelas: Rafinha exibe o troféu do Brasileirão, Everton Ribeiro ergue a taça da Libertadores e Zico (entre Tita e Nunes) levanta o caneco de 1981, no Maracanã.

O ano mágico de Everton Ribeiro pode ser contado pelos troféus, medalhas, faixas e demais prêmios individuais acumulados na temporada. No time de craques que o Flamengo montou para 2019, ninguém jogou mais bola que ele.

o Flamengo suficientemente para saber que a torcida não se contentaria em ver o time jogar só com o regulamento. A ideia parecia ser esperar o Flamengo vir para o jogo e aproveitar as chances de contra-atacar. A primeira oportunidade clara do ataque rubro-negro veio aos dez minutos, quando Arrascaeta cruzou da direita e Gabigol cabeceou no meio do gol. Paulo Victor defendeu com firmeza.

O Grêmio conseguiu chegar aos 18 minutos, quando Everton Cebolinha recebeu de André na área. O atacante balançou na frente de Rodrigo Caio, puxou a bola para o pé esquerdo e bateu forte na direção da pequena área. Diego Alves desviou com o braço esquerdo, Maicon não esperava o rebote e acabou chutando em cima do goleiro, que ainda estava no chão quando fez a defesa.

O tempo passava e o Grêmio começou a se arriscar mais em busca do resultado, deixando espaços na defesa. Everton Ribeiro aproveitou-se deles aos 26 para puxar um contra-ataque e servir Rafinha na ponta direita. De lá, veio o cruzamento na marca do pênalti para Bruno Henrique mergulhar de cabeça e mandar a bola a poucos centímetros da trave esquerda de Paulo Victor.

Como no primeiro jogo, o Flamengo dominava a posse de bola, mas dessa vez conseguia criar mais. Everton Ribeiro girou para cima da marcação de Matheus Henrique e meteu a bola para Arrascaeta se infiltrar na área. A ideia do uruguaio era cruzar, mas o chute foi na direção do gol e surpreendeu Paulo Victor, que ainda conseguiu espalmar. No rebote, Gabigol tentou uma bicicleta, mas o chute torto foi afastado por Michel.

FILIPE LUÍS

A partir do momento que o Everton Ribeiro driblou o primeiro e a gente entendeu que eles faziam uma marcação muito homem a homem, o time abriu os espaços e começamos a criar. O Bruno Henrique se soltou e o time deslanchou.

Gerson, que tinha sido o melhor em campo na primeira partida, apareceu na intermediária adversária para tentar a batida de longe. A bola desviada em Alisson encontrou Gabigol na área, de costas para Kannemann. Com dois toques na bola, o centroavante se livrou do argentino e de Geromel. O giro rápido foi seguido por um chute fortíssimo que Paulo Victor conseguiu encaixar.

O esforço físico que o Grêmio tinha que fazer para neutralizar os pontos fortes do Flamengo começava a cobrar seu preço. Maicon recebeu de Michel uma bola na fogueira, ainda no campo de ataque, e perdeu para Everton Ribeiro. O desarme caiu nos pés de Gerson, que tocou de primeira para Bruno Henrique. O atacante partiu do campo de defesa em ritmo alucinante. Foram 19 passadas até servir Gabigol na área. O centroavante olhou para o goleiro, ajeitou o corpo e chutou. A bola, defensável, encontrou Paulo Victor, mas escapuliu de suas mãos. Bruno Henrique estava lá para aproveitar a sobra e abrir o placar no Maracanã. Era o 25º gol dele em cinquenta jogos com a camisa rubro-negra.

EVERTON RIBEIRO

> Muito a cara da nossa equipe. Um gol que nasce da marcação, de pressionar, conseguir roubar e sair rápido. Consegui apertar o Maicon e com um toquinho de bico eu tirei a bola. Aí já desenrolou o contra-ataque. O Bruno fez a jogada, o Gabi chutou e ele acompanhou muito bem. Acabou fazendo o gol que abriu a porteira pra gente!

Os 45 minutos finais da partida entraram para a história do Maracanã e da própria Copa Libertadores. O futebol do time de Jorge Jesus atingiu um nível de exuberância que o Brasil não vê há muito tempo. Com vinte segundos de etapa complementar Bruno Henrique já estava infernizando Geromel. O zagueiro se preparava para afastar uma bola na lateral direita quando o atacante ganhou a bola prensada e invadiu a área. Da linha de fundo, rolou para Everton Ribeiro finalizar um pouco à frente da marca do pênalti. Cortez desviou a batida e conseguiu adiar o segundo gol por mais um lance. Na cobrança de escanteio imediatamente depois, Arrascaeta levantou a bola no primeiro pau. Após o desvio de André, Gabigol foi mais veloz que Cortez para chegar no rebote e fuzilar de pé esquerdo, no ângulo. A corrida para a torcida rubro-negra, enlouquecida, foi coroada com a já característica comemoração do atacante, mostrando o "muque". Logo depois, ainda foi buscar uma placa de papelão feita por um torcedor com os dizeres: "Hoje tem gol do Gabigol". (O gesto mais tarde seria punido pela Conmebol, que multou o clube em 15 mil dólares.)

Tirar o pé do acelerador com o resultado encaminhado não fazia parte da filosofia de Jorge Jesus. Aos dois minutos, Bruno Henrique driblou Geromel e arriscou com perigo de fora da área. O time de Renato Portaluppi lembrava um pugilista atordoado, tentando se levantar depois de um *knockdown*. Aos sete, Everton Ribeiro abriu para Filipe Luís na ponta esquerda. O lateral esquerdo rolou para Bruno Henrique na área, e quando Geromel tentou o carrinho a bola já tinha passado e o zagueiro gremista cometeu o pênalti. Os jogadores do Grêmio protestaram e a cobrança só foi permitida três minutos depois. Gabigol partiu tranquilo, deslocou Paulo Victor e a bola morreu no canto esquerdo do goleiro. Além de mostrar o bíceps, o centroavante imitou a comemoração de Cristiano Ronaldo e fez o gesto típico de quem pede calma, apontando em seguida para o escudo do Flamengo. Era o sétimo gol dele na Libertadores, artilheiro isolado da competição, e o 35º na temporada.

Renato deixou a área técnica e se sentou no banco. Finalmente fez sua primeira mudança colocando Pepê no lugar de André. Os 4 mil torcedores gremistas que apoiavam seu time no Maracanã viram mais uma cena de pesadelo quando Arrascaeta lançou para Gabigol na corrida. A zaga parou, pedindo impedimento. O centroavante rolou para Bruno Henrique, na marca do pênalti, completar para o gol vazio. A comemoração durou pouco, porém, já que o assistente marcou corretamente o impedimento.

Aos 17 minutos Renato tirou Maicon e colocou Tardelli, lotando o time de atacantes para tentar mudar a história da partida, mas o destino já estava selado. Aos 21 minutos Arrascaeta cobrou escanteio pela esquerda e Pablo Marí ganhou fácil a disputa aérea com Geromel. A cabeçada do espanhol passou perto do braço esquerdo de Paulo Victor, mas foi à queima-roupa e morreu na rede. Um inimaginável 4 X 0 na semifinal da Libertadores.

PABLO MARÍ

Cada jogador tem um movimento mais adequado para finalizar em determinada zona. Eu sou um jogador corpulento, preciso me movimentar muito para chegar em velocidade ao primeiro pau. Quando consigo, é muito difícil me parar. Quando salto parado, não tenho a mesma impulsão. O Rodrigo Caio, parado, é das pessoas que saltam mais alto que já vi na vida. É espetacular! "Rodrigo, faz o bloqueio que eu vou fazer o gol!" Ele bloqueou o Geromel, que chegou tarde comigo. Quando vi a bola entrar... Até hoje, só de contar me arrepio inteiro! Ser o primeiro espanhol a fazer gol numa semifinal de Libertadores é um grande feito!

Arrascaeta foi descansar após dar o passe para mais um gol, sendo substituído por Piris da Motta. Da arquibancada vinha o combustível para o Flamengo continuar buscando o gol. "Favela!!! Favela!!! Favela!!! Festa na Favela!!!" era o canto que ecoava quando mais uma chance rubro-negra surgia aos 25 minutos. Everton Ribeiro ia cobrar falta pela esquerda.

RODRIGO CAIO

> Quatro ou cinco minutos depois do gol do Pablo teve essa falta lateral. A gente treina muitas jogadas ensaiadas, mas ali foi uma bola curiosa. O Pablo tinha feito gol no primeiro pau. A gente sempre ficava da marca do pênalti pra trás. Mas o que estava acontecendo? A equipe do Grêmio marcava individualmente. O Geromel e o Kannemann agarrando a gente, segurando, e a gente não conseguia se movimentar. Eu falei: "Quer saber? Vou dar um 'gato' no Kannemann e vou correr pra frente também!". Mas assim, sem imaginar que a bola iria ali. Não foi nada combinado. Nada mesmo. E aí eu fiz esse movimento, a bola veio na minha direção. Usei o movimento pra cabecear no outro canto. Um gol que vai ficar marcado na minha memória.

Livre da marcação, Rodrigo Caio desviou de cabeça e viu a bola quicar antes de entrar. O que já era um êxtase coletivo passou a ser mais enlouquecedor. Acachapantes 5 X 0 sobre o Grêmio, que passou as duas temporadas anteriores sendo apontado como o time com futebol mais vistoso do Brasil. O time de Jesus tinha moído os gaúchos no segundo tempo com quatro gols em apenas 25 minutos. Era oficialmente a passagem de bastão.

A torcida também reverenciava o arquiteto daquela atuação épica: "Olê, olê, olê, olê! Mister! Mister!". Como Bruno Henrique estava pendurado, Jesus aproveitou que a partida estava decidida e colocou Vitinho.

O atacante foi outro a deixar o gramado aclamado. Renato fez sua última mudança, com Thaciano na vaga de Alisson. A chance de um gol de honra apareceu aos quarenta minutos, e Everton Cebolinha soltou um foguete de fora da área endereçado ao ângulo superior esquerdo. Diego Alves se fez presente, mandando a bola para escanteio de mão trocada.

WILLIAN ARÃO

> Obviamente eu não imaginava um 5 X 0 daquele jeito, mas eu sabia que a gente ia ganhar. Dependendo da forma que você coloca, pode parecer que é arrogância. Não quero parecer soberbo ou algo do tipo. Não é nada disso. É que a minha confiança no meu time era tão grande que eu sabia que a gente ia ganhar. Eu confiava no meu time, no sistema, nos jogadores que estavam do meu lado.

A goleada não era a única grande notícia daquele 23 de outubro. O meia Diego, que tinha sofrido uma grave fratura no tornozelo esquerdo nas oitavas de final contra o Emelec, conseguiu se recuperar em apenas três meses e entrou no lugar de Gerson a quatro minutos do fim do jogo. A volta aconteceu antes do prazo estimado, que era de quatro a cinco meses. Num gesto de carinho, Everton Ribeiro deu a faixa de capitão ao companheiro que entrava em campo e recebeu um beijo em sinal de agradecimento.

DIEGO

> Meu filho mais velho tem dez anos e me disse que foi o dia mais emocionante da vida dele. Isso já explica um pouco como foi impactante e emocionante aquele jogo.
>
> Eu sabia da complexidade da lesão, mas sempre que eu olhava pro objetivo conseguia seguir em frente. O auxílio do departamento médico do Flamengo e do meu preparador físico particular, o Rafael Winicki, foi fundamental. Trabalhava duas, três vezes por dia. Sábado, domingo, feriado, à noite, de manhã, e os resultados foram aparecendo. Eu consegui, graças a Deus, voltar bem antes do tempo.
>
> Naquele dia, talvez se não fosse aquele placar elástico, eu não teria entrado. Porque realmente eu estava voltando, meu corpo estava se readaptando, mas aca-

bou que tudo deu certo. Ali o treinador demonstrou o lado humano dele. Quando ele olhou pro banco e falou "Diego!", foi como um sonho. Eu acordava e dormia pensando naquele momento. De entrar em campo no Maracanã lotado e ver todo o esforço valer a pena.

EVERTON RIBEIRO

Só quem tá ali no dia a dia com ele e a família dele sabe o quanto ele trabalhou pra voltar ainda em 2019. Foi uma contusão muito feia. Eu mesmo, no dia que ele se machucou, achei que ele só ia voltar lá pra dezembro, ou mesmo em 2020. Mas ele trabalhou muito. Diariamente a gente via ele se esforçando, e a recompensa veio. Como ele era uma liderança, nosso capitão antes de se machucar, tive esse pensamento na hora: "Vou passar a faixa, até pra marcar, deixar marcado esse jogo, essa volta dele".

E o sexto gol quase veio para premiar o esforço do camisa 10 por se recuperar em tempo recorde. Vitinho pedalou para cima de Paulo Miranda na ponta esquerda e cruzou. Kannemann rebateu e Diego aproveitou o rebote. O chute violento e rasteiro foi espalmado por Paulo Victor e Cortez afastou em definitivo. Patricio Loustau encerrou a partida e o Flamengo estava de volta à final da Libertadores após 38 anos.

RODRIGO CAIO

Sem dúvida vai ser um jogo que vai ficar marcado na história do Maracanã, na história do Flamengo e na história da Libertadores. Numa semifinal de Libertadores, jogando contra uma equipe do Grêmio de altíssimo nível, ganhar de 5 X 0 e jogando da forma como a gente jogou, não tenho dúvidas de que vai ficar marcado.

EVERTON RIBEIRO

Eu fico até emocionado lembrando desse jogo. Porque semifinal como aquela, no Maracanã, todo mundo ali pra assistir à gente, e a gente fazer um resultado daquele! Você olhava pra equipe do Grêmio e eles não entendiam o que estava acontecendo! Não sabiam como parar nossa equipe. E a gente respeitando eles ao máximo, querendo fazer nosso melhor. Esse placar elástico foi surpreendente pra todos, até pra nós. A gente sabia que estava na final e que estávamos a um passo de conquistar o grande sonho de todo flamenguista.

JORGE JESUS

Temos uma ideia de jogo em que não ficamos contentes quando marcamos só um gol. A exigência da torcida do Flamengo é muito grande, portanto não basta ganhar. Tu também tens que proporcionar espetáculo. Para isso, tens que fazer gols, que são a essência do jogo. Foi dentro dessas ideias que os jogadores do Flamengo perceberam que ganhar por um gol não chega, isso foi incutido na equipe. Nós olhamos sempre para o lado do gol, do espetáculo.

MILAGRE
EM LIMA
★★★★★★★★★★★★★★★

Os rubro-negros já sabiam quem seria o adversário na primeira final única da história da Copa Libertadores: o River Plate, que tinha vencido a edição anterior em cima do arquirrival Boca Juniors no insólito cenário do estádio Santiago Bernabéu, em Madri. A decisão foi disputada na Europa por falta de segurança no Monumental de Núñez, que receberia o segundo jogo da final. O ônibus do Boca foi apedrejado por torcedores rivais e o estádio acabou interditado. Em 2019 os caminhos dos dois gigantes argentinos voltaram a se cruzar, agora na semifinal. Novamente deu River: 2 X 0 em casa, 0 X 1 na Bombonera.

O palco da primeira final da Libertadores em jogo único seria Santiago, no Chile. Uma onda de protestos contra o governo do presidente Sebastián Piñera havia começado em 18 de outubro. A revolta popular levou o país a uma greve geral e fez Piñera decretar estado de emergência. O ambiente não estava nem um pouco propício para receber as delegações de River Plate, Flamengo e os milhares de torcedores que sairiam da Argentina e do Brasil para acompanhar a decisão. Mesmo assim, a Conmebol sustentava Santiago como palco da final acreditando na garantia de segurança dada pelo governo local. O país já tinha cancelado dois grandes eventos que também aconteceriam lá no último trimestre: o Fórum de Cooperação Econômica Ásia-Pacífico, em novembro, e a Conferência das Nações Unidas sobre as Mudanças Climáticas (COP 25), em dezembro; contudo, Cecilia Pérez, ministra do Esporte, disse em 30 de outubro que nada mudaria em relação à Libertadores.

O jogo entre River Plate e Flamengo estava marcado para 23 de novembro, e a tensão social no país-sede da finalíssima não diminuía. Para agravar a situação, o Sindicato de Jogadores Profissionais do Chile não queria a volta do campeonato local enquanto as manifestações não acabassem. Além disso, a organização sindical dos atletas se posicionou contra a realização da decisão da Libertadores em Santiago. A Conmebol convocou os dirigentes dos clubes finalistas para uma reunião em sua sede em Assunção, capital do Paraguai, no dia 5 de novembro. Também foram chamadas as associações nacionais, Associação do Futebol Argentino (AFA) e Confederação Brasileira de Futebol (CBF), representadas por seus presidentes Chiqui Tapia e Rogério Caboclo.

A reunião teve muitas reviravoltas. A Confederação Sul-Americana de Futebol queria adiar a partida para o dia 30 de novembro, mas viu o pedido negado pelos dois times, que ainda teriam jogos importantes por seus campeonatos nacionais. Autoridades chilenas apresentaram o panorama do momento no país e o cenário preocupante fez com que a decisão de mudar a sede fosse unânime.

MARCOS BRAZ

> Eu só fiz um pedido, e era o mesmo entendimento do presidente Landim. A gente não queria que a final fosse em Montevidéu de jeito nenhum. Eu toparia jogar em qualquer outro lugar, de Tóquio a Nova York. Só não queria jogar em Montevidéu. Ali a gente estava em cana. Os argentinos iam chegar de bicicleta, de canoa, a nado...

Assunção foi o primeiro destino a ser estudado. A cidade já tinha se preparado para receber a primeira final única da Copa Sul-Americana, marcada para 9 de novembro no estádio La Nueva Olla. O país, porém, já recebia a Copa do Mundo de Futebol de Praia nas mesmas datas e não teria condições de abrigar mais um evento. A segunda opção que veio à tona foi Medellín, mas a ausência de voos diretos partindo do Rio de Janeiro e de Buenos Aires até a cidade colombiana pesou contra. A nova sede da final foi escolhida após quase cinco horas de reunião. Lima, no Peru, tinha o estádio Monumental, com 70 mil lugares. A distância seria a mesma para argentinos e brasileiros, e até o presidente peruano Martín Vizcarra entrou no circuito para avaliar a escolha. O martelo estava batido.

A alegria de estar na final da Libertadores não era a única. A campanha no Brasileirão também era sólida e o Flamengo marchava firme para acabar com os dez anos de espera pela sétima conquista. Após destruir o Grêmio na semifinal da competição sul-americana, o rubro-negro tinha apenas oito rodadas para o fim do campeonato nacional. E a "gordura" na liderança era de oito pontos de vantagem sobre o Palmeiras e 13 à frente do Santos, os únicos dois concorrentes que ainda mantinham alguma esperança de ficar com a taça.

Só que o líder não fraquejava. Na 31ª rodada, Palmeiras e Santos venceram seus compromissos, mas o Flamengo venceu o Botafogo no Nilton Santos por 1 X 0, gol de Lincoln aos 44 minutos do segundo tempo. Na rodada seguinte, o Alviverde empatou com o rival Corinthians em 1 X 1 e viu o time de Jorge Jesus abrir dez pontos com a vitória de 3 X 1 sobre o Bahia. Faltavam apenas seis jogos para o fim do Brasileirão.

Por conta da final da Libertadores, o jogo contra o Vasco pelo Brasileirão foi antecipado e terminou em um louco 4 X 4. Agora o Palmeiras precisaria tirar 11 pontos. Pressionado, o time paulista voltou a empatar na rodada seguinte, 1 X 1 com o Bahia. E o Flamengo retornou de Porto Alegre com mais uma vitória sobre o Grêmio, gol de Gabriel. O título brasileiro estava maduro, já que o Palmeiras tinha 15 pontos para disputar e sua distância para o clube da Gávea era de 13. O jogo na Arena do Grêmio também tinha reforçado uma preocupação quanto a Gabigol, que ficou na berlinda depois de mais um episódio de imaturidade. Já no segundo tempo, o centroavante foi reclamar com o assistente e levou cartão amarelo. Não satisfeito, aplaudiu ironicamente o árbitro Raphael Claus e acabou expulso. Em 53 jogos pelo Flamengo, Gabigol chegava a 22 cartões, dois deles vermelhos. O número, altíssimo para um atacante, gerou reprimenda pública de Jorge Jesus na coletiva após a vitória sobre os gremistas.

Se o temperamento de Gabigol deixava o sinal de alerta ligado, as coisas em campo não poderiam estar melhores. Com o título brasileiro encaminhadíssimo, era hora de se concentrar na finalíssima da Libertadores. A delegação rubro-negra tinha viagem marcada para Lima na quarta, dia 20 de novembro. As horas que antecederam o voo nunca mais sairão da memória de jogadores e torcedores. Quando o ônibus com os atletas cruzou o portão do Ninho do Urubu para ir ao Galeão, o motorista José Vieira Apolinário deixou de estar ao volante: era a massa que conduzia o time. Milhares de rubro-negros, empunhando bandeiras, soltando rojões, cantando o hino do clube e as canções de arquibancada faziam daquele dia algo único na história do futebol brasileiro.

WILLIAN ARÃO

Esse é o primeiro ponto-chave. Quando você abre o portão do CT e vê aquele mar de gente, é espetacular. Com palavras, eu não consigo descrever o que foi a nossa saída naquele mundaréu de gente. Todo mundo nos apoiando! Faltavam três ou quatro dias pro jogo e já havia pessoas chorando! Depois, quando a gente chega no aeroporto, um mar de pessoas! A gente comentava no ônibus: "Meu Deus do céu! Olha a quantidade de pessoas! Olha a responsabilidade que nós temos! É isso, galera. Agora, não tem mais jeito!".

RENÊ

Tinha vários helicópteros sobrevoando ali, filmando a nossa saída. A galera mandava vídeos, mostrando gente lá fora, mas nós não tínhamos noção. Nós saímos no portão, na ida, eu nunca vi gente daquele tanto, cara! "O que é isso? Não vamos sair daqui hoje, não!" Nós demoramos muito tempo pra sair do CT. Os caras batiam no ônibus, subiam em cima de carro, cara vinha de bicicleta.

Pela quantidade de gente que eles botaram na rua, era como se eles já estivessem levando o campeão. Era como se vencer a Libertadores fosse uma obrigação nossa. Esse era o sentimento.

Aquela turma que não poderia ir ao Peru ver o jogo queria ser parte de um momento mágico. Nos olhos de cada um deles dava para perceber alegria, orgulho e principalmente gratidão. Tirando um ou outro torcedor veterano, a maior parte dos que foram se despedir ainda não tinha visto o clube vencer uma Libertadores. E esse sentimento foi acompanhando o ônibus até o Aeroporto Internacional Tom Jobim, onde outra multidão aguardava a passagem do ônibus pelo portão do terminal de cargas, de onde sairia o voo. A aglomeração de torcedores fez com que parte da grade que protege a pista cedesse, ferindo levemente torcedores e jornalistas. Um incidente menor na grande festa que reuniu um público estimado em 10 mil rubro-negros ao longo do percurso e deu ao elenco do Flamengo a exata noção do quanto essa conquista era desejada pelo seu povo.

DIEGO ALVES

Você vai se sentir no clima mesmo quando chega em Lima e vê na rua aqueles cartazes anunciando a Final da Libertadores, vê a torcida do River, vê a torcida do Flamengo. Aí a gente falou: "É, agora a gente tá na final mesmo. Agora o bicho vai pegar, não tem pra onde correr".

A gente se encontrava num momento tão bom e tão confiante que foi gostoso participar dessa prévia. Lógico que gera um nervosismo, não tem como falar que todo jogador fica tranquilo numa final. Não. Nós jogadores, mesmo experientes, a gente sente aquele frio na barriga. Tem aquele nervosismo, mas o nosso ambiente era tão bom que isso facilitava.

DIEGO

A equipe vinha ganhando confiança jogo a jogo, as coisas estavam fluindo de forma natural. Mas claro, posso dizer por mim, o friozinho na barriga estava presente! É uma final de Libertadores, num clube como o Flamengo. E aí passou um filme na minha cabeça. Quando eu joguei a final da Libertadores de 2003 pelo Santos contra o Boca Juniors, nós perdemos a final. E eu estava tendo uma nova oportunidade. E depois de tudo que eu vivi em 2019, queria aproveitar cada minuto, cada detalhe.

FILIPE LUÍS

A final de Lima acho que foi nova pra todo mundo. Até mesmo pro Rafinha, pra mim. Todo mundo estava muito ansioso pro jogo, nós também. O clima de decisão, todo mundo mandando mensagens de boa sorte antes do jogo. É uma coisa que pode até atrapalhar um pouco, mas eu vi um elenco supermaduro. Todo mundo bem-preparado, se cuidando, querendo ganhar. O sonho falou alto. A gente tinha o sonho de ganhar e escrever o nome na história, mas na hora da partida a gente não queria pensar no que estava em jogo. Queríamos simplesmente jogar.

PABLO MARÍ

> Os jogadores do nosso time tinham muita experiência na Europa, mas todos eles estavam muito emotivos. Você está a ponto de fazer história e ganhar a Libertadores para um time do seu país. E isso valia mais pro Diego Alves do que ganhar a Copa do Rei com o Valencia, valia mais pro Diego do que ganhar uma Europa League com o Atlético de Madrid, valia mais pro Rafinha do que ganhar a Champions League com o Bayern.

Seriam apenas dois dias de trabalho para o Flamengo antes da grande final do dia 23. Um treino na quinta e o reconhecimento do gramado na sexta. Nenhum problema médico, força máxima para Jorge Jesus. Na véspera da partida, os treinadores falaram com a imprensa. Quando lhe perguntaram se concordava com o favoritismo que vinha sendo atribuído ao Flamengo, Marcelo Gallardo foi seco: "Temos as mesmas chances que o Flamengo nesta final. O que vem de fora, não me interessa. Meus jogadores sabem muito bem, somos os últimos campeões. O favorito é o River Plate". Ao técnico do Flamengo perguntaram na coletiva sobre o fator psicológico da decisão que, para Gallardo, pesaria a favor do River Plate. "Não penso da mesma maneira. A parte emocional se trabalha, se treina. Temos outras particularidades que são muito mais fortes que a emoção. O prazer de jogar bem, jogar à Flamengo. Isso faz com que a emoção não nos atrapalhe."

Na noite que antecedeu a partida, o Cristo Redentor ganhou cara nova ao "vestir" a camisa do Flamengo graças a uma projeção. Quem não pôde ir ao Peru teve a opção de ver o jogo no Maracanã, onde dez telões foram colocados no espaço entre gramado e arquibancada. Artistas como Ludmilla, DJ Marlboro, Buchecha e Ivo Meirelles também se apresentariam no evento. E a quantidade de gente disposta a fazer loucuras para ver o Mengão era grande. A procura pela rota Rio de Janeiro-Lima fez com que as empresas aéreas disponibilizassem 43 voos extras.

✳ ✳ ✳

O roupeiro Clebinho chegou ao estádio Monumental de Lima quatro horas antes do jogo e desembarcou todo o material esportivo e de logística do Flamengo para a grande final. O que havia de mais precioso na carga estava guardado em um antigo estojo de madeira, que foi aberto com cuidado pelo roupeiro da equipe. Lá dentro estava a imagem de São Judas Tadeu, padroeiro do clube e um dos símbolos da fé de 42 milhões de torcedores. A escultura de cerca de trinta centímetros de altura é presença obrigatória em cada vestiário que recebe o time da Gávea e objeto de um ritual que se repete a cada partida.

O primeiro passo do roupeiro foi encontrar uma posição em que a imagem pudesse ficar de frente para todos os jogadores. Depois que São Judas Tadeu foi posicionado, era hora de acender as velas com cuidado e fé. Uma delas era quase da altura do santo. Outras duas, um pouco menores, também ficaram acesas durante a partida. Outras três velas de reserva estavam sobre a mesa, onde também repousaram a faixa de capitão e a flâmula do Flamengo que seria entregue ao adversário. Com os três pavios acesos, Clebinho fez seus pedidos. "É lógico que um desses pedidos é para que venha a vitória!"

O vestiário estava pronto. A 13 quilômetros dali, os jogadores do Flamengo deixavam o hotel Hyatt Centric em direção ao estádio Monumental de Lima. A delegação embarcou em dois ônibus pretos identificados por adesivos com a logomarca "FINAL LIMA 2019". Pelas janelas, a energia da torcida rubro-negra em Lima contagiava os jogadores à medida que se aproximavam do palco. Cada vez mais gente vestida de vermelho e preto acenava para os atletas. Alguns, com celulares nas mãos, registravam o momento. Outros imitavam as comemorações de Gabigol, acenavam, dançavam, viviam a alegria do momento.

Os jogadores desceram do ônibus após o trajeto calmo até o estádio. Na porta do vestiário eram esperados por Adenir Silva, o Deni, massagista do clube desde 26 de outubro de 1981, quando chegou para trabalhar nas divisões de base da Gávea. O homem discreto e de voz grave, nascido em Santo Antônio de Pádua (RJ) e morador de Nova Iguaçu (RJ), tinha mais tempo de Flamengo do que todos aqueles atletas tinham de vida. Cada jogador que entrava ali era cumprimentado por Deni e recebia uma palavra de incentivo. Quando Gabigol chegou, de boné virado para trás, os olhares dele e do massagista se cruzaram. Não houve sorrisos. O centroavante pegou devagar a mão direita de Deni e a beijou. O massagista puxou a mão de Gabriel para também beijá-la e deu sua bênção.

A primeira final em jogo único da história da Libertadores foi mais uma opção da Conmebol no sentido de copiar formatos adotados pela Uefa, a União Europeia de Futebol. Shows musicais antes da partida reforçaram o caráter de entretenimento do evento. A improvável mistura de Anitta com os argentinos Fito Páez, Tini Stoessel e o colombiano Sebastián Yatra foi testada com o tema *Y dale alegría a mi corazón*, canção de Fito Páez. Anitta cantou seu trecho em português e os três minutos de música foram abafados em muitos momentos pelo canto da torcida. Dançarinos e percussionistas tomaram conta do gramado na sequência e fizeram coreografias que culminaram com a abertura de uma grande bandeira com o formato da Copa Libertadores. A opção seguinte, trazer cantores identificados com as torcidas finalistas, conseguiu cativar o público. Rubro-negro de carteirinha, Gabriel, o Pensador, trouxe ao palco montado na grande área em frente à torcida do Flamengo vários cantos de arquibancada na batida do rap. Na área adversária, a apresentação era do Turf, banda argentina de rock que também deixou transbordar o lado torcedor, que interpretou *Esta es tu hinchada que te sigue siempre a todos lados* (algo como "Esta é a tua torcida que sempre te segue para todo lado", em português).

Enquanto o gramado era ocupado pelo show de abertura, da porta do vestiário do Flamengo para dentro, Jorge Jesus caminhava de um lado para o outro passando instruções enquanto seus jogadores se trocavam: "Quero uma equipa criativa, que não perde bola, manda no jogo com bola e sem bola. Sem bola, não deixa eles jogarem. Vamos ser agressivos!". Rafinha tomou a palavra e foi bastante enfático: "Chegou a hora, velho! Não tem amanhã, não tem depois. É hoje! Inteligência pra jogar! Temos que começar com 11 e terminar com 11! Vamos deixar tudo dentro do campo. É uma decisão! Nós não viemos aqui pra chorar depois, não. Hoje nós vamos ganhar!". Gabriel também falou aos companheiros, em um discurso menos emocional: "Só tem uma coisa que a gente tem que fazer aqui: fazer o que a gente vem fazendo, jogar à Flamengo. É só isso!".

De acordo com a Conmebol, a decisão seria transmitida para 169 países em cinco continentes e daria ao campeão o prêmio recorde de 12 milhões de dólares. Seriam 6 milhões de dólares para o vice-campeão, sem contar os 7 milhões de dólares que cada finalista já havia recebido pela participação nas fases anteriores. Um pórtico com o novo slogan da Libertadores, "Glória Eterna", esperava pela passagem dos atletas. O troféu foi trazido por dois ex-jogadores de River Plate e Flamengo, o atacante Cavenaghi e o zagueiro Júnior Baiano, que saudaram a torcida e deixaram a taça em um pedestal posicionado no caminho de entrada dos finalistas. À frente da taça, em outro pedestal, estava a bola customizada da final, recolhida pelo árbitro chileno Roberto Tobar, que puxou a fila no cerimonial de entrada. Em seguida, vieram os capitães Everton Ribeiro e Javier Horacio Pinola. Em fila indiana, entravam no gramado do estádio Monumental os protagonistas de um jogo que, todos sabiam muito antes de a bola rolar, seria para sempre.

EVERTON RIBEIRO

> Meu pensamento era: "Que jogo histórico! Sonhei em estar aqui!". Você já ganhou o Brasileiro e agora está no maior torneio, o torneio que todo sul-americano sonha. Não é a Champions. É a Libertadores! O que fica mais marcado pros brasileiros é a Libertadores, e eu tava ali, podendo viver esse momento e sendo capitão ainda.
>
> Passei do lado da taça, dei uma olhadinha pra ela, mas como tem essa lenda de não poder tocar, falei: "Deixa, vamos seguir como está, não vamos relar na taça, não. Deixa eu só dar uma olhadinha pra ela de leve (risos). E vamos jogar!".

O último dos 22 titulares a entrar em campo foi Gabigol, que se benzeu ao passar pelo pórtico. O centroavante largou por um momento a mascote que trazia ao gramado e não teve a mesma prudência do supersticioso Everton Ribeiro: passou a mão direita no troféu da Libertadores. Logo depois, tocou no escudo do Flamengo, acima do coração.

Seria apenas a sexta atuação do Flamengo com aquela escalação, mas Jorge Jesus e a torcida rubro-negra tinham certeza de que a formação ideal havia sido encontrada. Diego Alves, Rafinha, Rodrigo Caio, Pablo Marí e Filipe Luís; Willian Arão, Gerson, Everton Ribeiro e Arrascaeta; Bruno Henrique e Gabigol. No River, Marcelo Gallardo já somava seis títulos internacionais em cinco anos de comando e levou a campo Armani,

Montiel, Martínez Quarta, Pinola e Casco; Enzo Pérez, Palacios, Nacho Fernández e De La Cruz; Suárez e Borré.

Antes de Roberto Tobar receber os capitães para definir campo e bola, Everton Ribeiro recebeu de Diego Alves um recado de Jorge Jesus: "Nos jogos fora de casa, o Mister prefere atacar no segundo tempo para o lado onde está a torcida do Flamengo. Avisei o Everton, só que a gente não ganhou na hora de escolher o campo e não pudemos fazer o que o Jorge queria". Ainda havia tempo para uma última conversa antes de a bola rolar, e na corrente Willian Arão, Rodrigo Caio, Gabigol e Rafinha deram as últimas palavras de incentivo.

WILLIAN ARÃO

Eu falei pra gente esquecer o que estava em jogo e focar apenas no jogo. Se você foca no que está em jogo, 38 anos sem ganhar uma Libertadores, a expectativa de 40 milhões de torcedores, você cria uma responsabilidade muito grande. Isso muitas vezes te trava. Você não pensa no jogo, só na responsabilidade.

E foi de Arão o primeiro toque na bola após o apito de Roberto Tobar. A sorte estava lançada. O início de partida do Flamengo não foi o de um time pressionado por 38 anos de jejum. Marcação alta, mais posse de bola e a primeira enfiada de Gerson para Bruno Henrique na ponta esquerda com dois minutos, mas o atacante acabou cruzando alto demais. No minuto seguinte o Flamengo mostrou que o lado direito também daria trabalho. Arrascaeta recebeu de Rafinha e levantou na área, buscando Bruno Henrique. Armani saiu do gol e acabou trombando com o atacante. Roberto Tobar deu falta de ataque. Rodrigo Caio tinha vencido suas primeiras disputas aéreas na partida, mas em uma delas, aos cinco minutos, bateu o nariz na cabeça de Borré e começou a sangrar bastante.

RODRIGO CAIO

Foi um choque forte, o doutor Tannure falou que tinha dado uma fissurada no nariz. Eu não senti dor. Numa final de Libertadores, você não sente nada. A única coisa que estava acontecendo é que sangrava muito. Não parava! Quando eu saí, eu falava pro doutor Tannure: "Tenho que voltar! Tenho que voltar!". E aí a gente colocou bastante algodão. Eu peguei um monte de algodão e coloquei dentro do *short*. Ficava trocando toda hora. Mas foi um momento meio tenso, machucar o nariz com cinco minutos de jogo numa final de Libertadores é tudo o que você não quer! Mas acontece. Ainda mais comigo. Eu gosto de cortar orelha, testa, cabeça... é impressionante!

Aos oito, Bruno Henrique levou uma cotovelada de Pinola e conseguiu uma falta pelo setor direito de ataque. Everton Ribeiro se preparou para uma jogada ensaiada, rolou rasteiro para Arrascaeta na meia-lua e o uruguaio errou o passe na área. O River partiu em contra-ataque em dois contra dois. Casco conseguiu driblar Filipe Luís no primeiro lance, mas o lateral se recuperou e salvou o Flamengo com um carrinho.

Não havia espaço para erros. O primeiro chute a gol do Flamengo veio aos nove minutos, quando Bruno Henrique aproveitou uma bola rebatida por Pinola e decidiu arriscar de longe. A batida passou à direita de Armani.

O River passou a visitar mais o campo de ataque a partir dos dez minutos quando entendeu que não poderia entrar na correria de Jorge Jesus e passou a "picar" mais o jogo. Borré procurava prender mais a bola na frente, enquanto Casco aparecia no apoio e De La Cruz tentava jogadas individuais. Os avanços de Filipe Luís deixavam espaços no lado direito do ataque argentino. Suárez conseguiu chegar à linha de fundo nas costas do lateral, mas cruzou forte demais para De La Cruz.

FILIPE LUÍS

Quando começou o jogo, nosso time não conseguia encontrar aquela mesma facilidade. Primeiro porque o time deles marcava bem, segundo porque o campo estava muito seco. A bola não ia direito. E aí, logo no começo também, aconteceu aquela jogada.

Aos 13 minutos Enzo Pérez tentou um passe pelo meio, mas Filipe Luís afastou mal. A bola voltou para Pérez, que meteu para Nacho Fernández na ponta direita. Rasteiro e sem força, o cruzamento passou entre Gerson e Willian Arão. O momento de indecisão dos volantes custou caro. Borré estava perto da marca do pênalti e mandou a batida no canto esquerdo, sem chances para Diego Alves. Primeiro chute a gol argentino, 1 X 0 para o River Plate. O atacante colombiano comemorou batendo continência junto à torcida Milionária.

GERSON

" Eu e o Arão estávamos onde deveríamos estar. Nos posicionamos bem para cortar o passe para trás na jogada de linha de fundo. Infelizmente chegamos juntos e um esperou o outro tirar e acabou saindo o gol.

WILLIAN ARÃO

" Eu pensava que a bola era do Gerson, porque ele tava vindo de frente. Achei que ele ia chutar pra fora, pra escanteio. Ele pensou que a bola era minha. Aí eu olho pro Gerson, o Gerson olha pra mim. Ninguém acusou ninguém, até porque é um momento delicado. E a gente falou: "Vamos virar esse jogo, não tem o que fazer!". A gente de fato não sabia de quem era a bola. Depois a gente conversou e falou: "Na próxima vez é melhor que os dois se chutem do que deixar a bola passar de novo!" (risos).

Invicto havia 25 partidas, o Flamengo vivia uma situação pouco usual. O River cresceu com o gol e passou a marcar no campo de ataque. Aos vinte minutos, Suárez acelerou pela direita, ganhou de Rodrigo Caio e fez o passe para De La Cruz finalizar. O espanhol Pablo Marí chegou a tempo de abafar o chute e evitar o segundo gol dos argentinos.

Um bom termômetro para entender a instabilidade rubro-negra naquela altura do jogo era Everton Ribeiro. Até o capitão estava tendo dificuldades para sair jogando, e um drible errado sobre De La Cruz na intermediária defensiva permitiu que Suárez pegasse a sobra e chutasse com perigo. O desvio de Rodrigo Caio mandou a bola para escanteio.

Encaixotado, o Flamengo só voltou a atacar aos 28 minutos. Rafinha ganhou de Casco na velocidade e foi parado com falta. O lateral argentino levou o primeiro cartão amarelo do jogo. Arrascaeta levantou na área buscando Willian Arão, mas Enzo Pérez conseguiu cortar pelo alto. Everton Ribeiro tentou mais um cruzamento aos 31 minutos, mas Armani saiu do gol para interceptar.

Nitidamente ansiosos, alguns jogadores do Flamengo tentavam resolver o jogo sozinhos. Gerson e Arrascaeta enfileiraram adversários em momentos distintos, mas perderam o tempo certo do passe. A torcida rubro-negra não abandonava o time nessa situação complicada e cantava: "Vamos, Flamengo! Vamos ser campeões, vamos Flamengo!".

Os erros de passes cometidos pelo Flamengo na frente rendiam contra-ataques perigosíssimos. Aos 36 minutos Montiel aproveitou mais uma vez um buraco deixado por Filipe Luís e se mandou pela direita. De lá, o lateral do River tocou para Borré, que fez o pivô e rolou para Palacios experimentar de longe. Diego Alves se esticou todo e não achou a bola, que passou a centímetros da trave direita. Em outra oportunidade, aos 43, Borré entrou livre pela esquerda e ficou cara a cara com Diego Alves. O goleiro do Flamengo fez uma grande defesa, embora o impedimento já estivesse marcado. O árbitro deu três minutos de acréscimo, período em que o atacante Suárez levou cartão amarelo por falta em cima de Pablo Marí. E a primeira etapa terminou com a torcida argentina cantando alto em Lima.

RENÊ

> No intervalo, eu lembro que a gente passou pelo alambrado, vários torcedores gritando: "Dá uma dura neles, Mister! Vamo levantar esses caras aí! Rafinha, fala com eles!".

Quem tinha visto Jorge Jesus se descabelando na área técnica do Maracanã durante a semifinal da Libertadores quando o Flamengo já vencia o Grêmio por 5 X 0 não entendeu nada em Lima. Com o time perdendo, a postura do português era serena e observadora à beira do gramado em Lima. A calma ficou do lado de fora do vestiário quando o time foi para o intervalo. Segundo Rodrigo Caio, os jogadores levaram um "esporro muito grande" do treinador.

RODRIGO CAIO

> Teve três fatores importantíssimos no intervalo. Primeiro, o Mister. De forma muito clara, falou de pontos essenciais que a gente precisava mudar na partida, principalmente para os nossos jogadores da frente entrarem no jogo. A equipe

do River vinha vencendo a maioria dos embates individuais, e nosso treinador foi muito duro nessa questão. Se nossos quatro jogadores da frente não entrassem no jogo, a gente não teria chance nenhuma de vitória, de reverter a situação que a gente tava vivendo naquele momento.

Segundo, Diego chamou a palavra e falou tudo o que estava vendo de fora. Era um momento em que a gente não vinha se encontrando na partida. E, de alguma forma, ele ajudou. Numa palavra, no conhecimento que ele tem e pelo que ele conhece da nossa equipe. E terceiro, a resposta do grupo. Um olhar no olho do outro e falar: "Gente, não acabou! Tem 45 minutos, 47 com os acréscimos, e a gente precisa dar uma resposta! Não é pra ninguém. Esquece a torcida, esquece tudo o que envolve essa final. Vamos pensar que a gente precisa dar uma resposta pra nós mesmos. O nosso ano foi maravilhoso. A gente não pode deixar a Libertadores acabar aqui pra nós dessa forma. Não pode! Então a gente precisa ser diferente. A nossa atitude precisa ser diferente!".

DIEGO ALVES

A sensação era de que a gente tinha feito um primeiro tempo muito abaixo do que a gente poderia fazer. Não é desculpa, mas encontramos muito calor, um River Plate que marcou muito forte, pressionando muito e parando as jogadas com falta. E a conversa no vestiário era praticamente essa. O Jorge estava muito tranquilo com respeito ao jogo. Eu me lembro bem. Ele falou: "O River não vai aguentar esse ritmo até o final. Vamos ter chances, mas precisamos melhorar em vários aspectos".

Ele corrigiu taticamente o que a gente estava fazendo de errado. Mandou os atacantes jogarem um pouquinho mais perto da nossa segunda linha pra poder encontrar a bola e poder levá-la até a outra área.

FILIPE LUÍS

Chegou no vestiário, o Diego já gritando: "Vamo lá! Se for pra perder, tem que perder arriscando! A gente já passou por coisas piores, se fosse pra perder era pra perder dando a vida, tentando tudo até o final, até o último segundo!". Deu uma dura do caramba. Aí depois o Mister também deu uma dura espetacular. Foi um esporro dos dois que ficou marcado. Os dois falaram muito o intervalo todo.

DIEGO

> Eu falei: "Temos que tentar de tudo!". Eu estava bem sensível a tudo o que vinha acontecendo naquele jogo. Com tantos anos sem o Flamengo ganhar a Libertadores, e nós ali com tudo pra conseguir, a cobrança e a responsabilidade pesavam. Faltava um pouquinho de tranquilidade. Nós estávamos tentando muito na força, e nossa equipe precisa estar solta pra jogar, pra técnica aparecer, é o diferencial que nós temos.
>
> E no intervalo eu procurei passar isso pra eles. Eu falei de forma bem enfática, falei justamente isso: "Galera, esquece tudo o que envolve esse jogo. Nós temos que colocar o nosso futebol em prática! Se livrem do peso que as coisas vão acontecer! Vamos jogar! Eu confio em vocês! Nós vamos voltar lá e nós vamos virar esse jogo! Pode acreditar em mim! Nós vamos virar esse jogo!".

Jesus apostou que o River não conseguiria manter a intensidade na segunda etapa. O técnico pediu mais intensidade nas divididas, já que os argentinos não estavam aliviando no contato físico – foram 18 faltas do time de Gallardo só nos primeiros 48 minutos. Os atletas também tiveram liberdade para dividir suas impressões e opiniões antes de voltarem para o segundo tempo.

No calor de 27 graus em Lima, um torcedor do Flamengo erguia uma faixa onde se lia a frase "Nada é impossível" estampada ao lado da figura de São Judas Tadeu, padroeiro do Flamengo (e das causas perdidas).

DIEGO ALVES

> Eu me lembro de uma frase que eu falei na roda antes do segundo tempo começar: "Independente de resultado, acredita até o final! A gente precisa de um gol. Já fizemos gols que saíram rápido, mas também outros que demoraram a sair. A gente não precisa se perder no jogo porque uma hora vamos fazer o gol. Nosso time tem muita qualidade!". E a gente foi com esse pensamento pro segundo tempo.

Roberto Tobar autorizou e o River Plate deu a saída para a etapa complementar. Com um minuto e meio os rubro-negros conseguiram o primeiro chute no alvo em todo o jogo. Gerson fez o passe para Arrascaeta entre as linhas de meio-campo e defesa do River. O meia uruguaio abriu na direita para Gabigol, que marcado por Pinola na entrada da área cortou para o pé esquerdo e bateu rasteiro para a firme defesa de Armani. Aos cinco minutos, em mais uma desatenção da defesa do Flamengo, Casco cobrou lateral pela esquerda e mandou em direção à entrada da área. Suárez chegou antes de Arão e chutou rasteiro, à direita do gol. Novas finalizações argentinas de fora da área vieram aos sete, com Palacios, e aos oito, com De La Cruz. Ambas para fora.

O primeiro cartão amarelo para o Flamengo foi para Pablo Marí, que puxou Borré pela camisa e matou um ataque promissor do River aos nove da segunda etapa. Rodrigo Caio se mantinha dominante no jogo aéreo e cortou dois escanteios seguidos cobrados por De La Cruz no primeiro pau. Aos 11, Everton Ribeiro e Gabigol tramaram um contra-ataque e o centroavante meteu na esquerda para Bruno Henrique. O atacante escapou do carrinho de Pinola, foi à linha de fundo e rolou para Arrascaeta furar na pequena área. O próximo da fila para tentar o gol era Gabriel, que bateu de bico e viu a bola explodir em De La Cruz. A sobra ficou com Everton Ribeiro, à frente da marca do pênalti. O capitão tinha quatro jogadores do River e o goleiro na frente dele e mirou no canto direito baixo.

EVERTON RIBEIRO

> Eu estava perto, sempre fico mais na marca do pênalti porque geralmente sobra uma bola ali pra chutar. Quando vi sobrando pro Gabi e ele chutou, ela veio. Já olhei pro gol pra ver onde o Armani estava. Meu lado direito todinho estava fechado e só sobrou ali pra chutar. Falei: "Tenho que acertar o gol!". Só que depois, no vídeo, eu fui reparar. Na hora que eu fui chutar, ele já tinha pulado antes de eu fazer o chute. Ele meio que tenta adivinhar para onde eu vou chutar e acertou. A bola saiu bem em cima, no cantinho, mas como ele pulou antes, foi em cima dele e ele conseguiu segurar firme.

Armani conseguiu uma defesa absurda, nem rebote deu. Os argentinos reclamaram muito do lance, já que pediam que a bola fosse tocada para fora para que Borré fosse atendido. Cercado pelos jogadores do River,

Everton Ribeiro disse que não tinha ouvido os apelos. Cinco minutos depois, Gerson sentiu dores musculares e pediu para sair. Diego foi chamado pelo Mister e entrou em campo aos vinte minutos do segundo tempo.

DIEGO

Eu estava confiante que ia participar do jogo. E quando o Mister me chamou, eu estava mais do que pronto. Ele deu as instruções e, quando eu estava saindo, ele falou: "Dá-me um beijinho cá que tu vais fazer um gol!".

Aí voltei, ele me deu um beijo e eu fui pro campo com essa energia positiva que ele me passou, com essa confiança, e procurei retribuir lá dentro tudo o que ele e meus companheiros fizeram por mim.

A torcida rubro-negra interrompeu o silêncio e voltou a empurrar o time, mas logo passou aperto em mais uma chegada perigosa dos argentinos: Nacho Fernández e Suárez envolveram a defesa, e o cruzamento que encontraria Borré livre para marcar o segundo foi afastado por mais uma intervenção precisa de Rodrigo Caio.

A blitz dos Milionários continuou aos 22, quando Casco tentou lançar Suárez na área. Pablo Marí cortou de cabeça, mas jogou a bola onde Nacho Fernández esperava sozinho. O meia ajeitou no peito e bateu de primeira, com efeito, mandando à direita de Diego Alves.

No minuto seguinte, Gallardo mexeu pela primeira vez, tirando um de seus jogadores mais habilidosos, o perigoso Nacho Fernández. Entrava o atacante Julián Álvarez, de apenas 19 anos. O Flamengo sofria, não conseguia sair da marcação e via um adversário de muita capacidade. Os argentinos erravam menos passes, faziam transições rápidas e jogavam melhor no segundo tempo. O destaque rubro-negro àquela altura era a torcida, que não deixava de alentar o time em seu momento mais delicado em toda a partida. O incentivo mandava energia para o campo, e Bruno Henrique tentava mais uma de suas arrancadas pela ponta esquerda quando foi atropelado por Enzo Pérez. O volante levou cartão amarelo pela entrada. Primeira chance no jogo para Diego explorar seu ponto forte: a bola parada. O cruzamento era promissor, mas o árbitro marcou falta de ataque cometida por Bruno Henrique.

"E agora seu povo quer o mundo de novo!": o torcedor continuava a carregar o time nos braços. Nem parecia que o River estava na frente do placar. O tempo passava, mas a fé não diminuía. Filipe Luís conseguiu uma boa escapada pela esquerda, fez a diagonal e arriscou de fora da área. O chute torto não chegou a preocupar Armani. Aos 29 minutos, mais uma mexida de Gallardo: El Oso (O Urso) Lucas Pratto, que tinha sido um dos heróis da Libertadores de 2018 contra o Boca, vinha para o jogo no lugar de Borré, autor do único gol do jogo até ali.

Diego dava combate no meio-campo e após uma roubada de bola aos trinta minutos conseguiu acionar Arrascaeta. O toque rápido do uruguaio foi para Bruno Henrique, que carregou a bola junto à linha da grande área e deu para Diego na meia-lua. O camisa 10 entregou para Gabigol, livre pela esquerda, e a finalização foi trocada por uma enfiada de bola para Everton Ribeiro na linha de fundo. O cruzamento no segundo pau foi para Arrascaeta tentar uma bicicleta, que saiu torta. A zaga rebateu e Diego arriscou um voleio da meia-lua, que passou longe do gol.

RODRIGO CAIO

> A partir dos trinta minutos do segundo tempo, a gente sabia que era difícil reverter a situação, mas você olhava pros companheiros... Eu olhava pro Rafinha que tava do meu lado, olhava pro Pablo, olhava às vezes pra trás, pro Diego Alves, e todo mundo com sangue no olho. "Vamos! Vamos! Vamos!" E a torcida gritando!

JORGE JESUS

> Eu sabia que a qualquer momento a equipe poderia fazer um gol. Isso iria acontecer, com certeza. Nunca me precipitei. Deixei que o jogo corresse. Tinha a minha estratégia para a final, mas nunca foi mudada a filosofia e a ideia da equipe. Nossa ideia é sempre igual, seja qual adversário for e em que circunstância for. Foi isso que fizemos.

O lateral Casco saiu machucado e Gallardo queimou sua última alteração aos 31 minutos, colocando o zagueiro chileno Paulo Díaz. Como Jorge Jesus previra no intervalo, começava a faltar gás aos argentinos e aparecia mais espaço para o Flamengo criar. E com isso o clube também se expunha mais. Diego perdeu uma bola no meio para Álvarez e o River poderia ter matado o jogo no contra-ataque. Pratto tinha a bola na intermediária e campo para avançar, mas preferiu tentar de fora da área e mandou à direita de Diego Alves.

RENÊ

"Eu tava encarregado de dizer a hora pro Diego Alves. "Fica me dizendo o tempo!"
"Beleza!"
Eu me aquecendo e ele:
"Renê?"
"Setenta!"
"Renê?"
"Setenta e cinco!"
Eu lembro que a última vez que eu falei com ele eram oitenta minutos. Depois daí, ele nem me perguntou mais.

Aos 34 minutos, Rafinha levou amarelo por falta em Lucas Pratto ao conter um contra-ataque. No minuto seguinte, Filipe Luís perdeu uma bola dominada na própria área para Suárez, que cortou Pablo Marí e rolou atrás para a pancada de Palacios, que pegou mal na bola. Os argentinos iam acumulando chances perdidas de assegurar o resultado.

Aos quarenta do segundo tempo, Jorge Jesus chamou Vitinho no banco e decidiu sacar Willian Arão, deixando Diego como único volante.

VITINHO

Ele foi breve, falou: "Vou tirar o Arão. Você põe o Everton pra jogar fechado, entra na ponta. Faz o teu jogo de um contra um, leva o nosso time pra frente pra gente empatar esse jogo". Eu tava muito convicto de que eu participaria efetivamente desse jogo.

FILIPE LUÍS

A melhor coisa dessa final é que a gente não conseguia enxergar quanto tempo faltava. A gente não desistiu nenhum segundo. Normalmente quando faltam cinco minutos começa a bater o desespero, mas a gente não entrou em desespero em nenhum momento.

Na sequência, Pratto perderia mais uma oportunidade chutando de longe para a defesa de Diego Alves. O ex-centroavante de Atlético Mineiro e São Paulo tinha vindo do banco completamente fora de sintonia. Faltavam dois minutos para o fim do jogo quando Pratto segurou a bola na intermediária tentando chamar uma falta.

ARRASCAETA

Eu estava com Diego fechando a linha de passe na hora que eu vi que o Pratto adiantou um pouquinho a bola. Eu já tentei dar o bote pra ele ficar sem linha de passe, acabei roubando a bola e a gente saiu no contra-ataque.

Arrascaeta disparou para o campo de ataque. Bruno Henrique abriu na esquerda e recebeu o passe. Em vez de correr em direção à linha de fundo, o atacante trouxe a jogada para o meio de campo e arrastou quatro marcadores. Arrascaeta se infiltrou nas costas da zaga e recebeu livre. Antes que Pinola chegasse, o uruguaio tocou com a ponta do pé esquerdo na direção do segundo pau. Era dia de gol de Gabigol, que tocou sozinho para a rede e tirou toneladas das costas da torcida rubro-negra. Bruno Henrique agora ajudava Arrascaeta, com cãibra após o esforço para dar a assistência. O artilheiro da Libertadores, que até então estava sumido no jogo, chegava ao seu oitavo gol na competição.

PABLO MARÍ

Vamos para a prorrogação! Vamos segurar aqui atrás, falei com o Filipe, com o Rodrigo: "*Chicos*, não vamos tomar gols! Vamos ficar tranquilos aqui e, se precisar dar chutão, a gente dá! Acabou o jogo, agora é segurar até a prorrogação!".

DIEGO ALVES

Quando a gente fez o primeiro gol, o Everton Ribeiro chegou em mim e falou: "Aguenta que a gente vai ganhar esse jogo! Eles estão cansados!".

Enquanto Gallardo fazia careta na área técnica, a massa rubro-negra transbordava de emoção em Lima, girando as camisas e pedindo mais: "Ô! Vamos virar, Mengo! Vamos virar, Mengo! Ô!". Roberto Tobar deu quatro minutos de acréscimos e, logo no primeiro deles, um lance para a eternidade.

DIEGO

"Eu senti, e meus companheiros também, que o River estava atordoado depois do nosso gol. Eles não esperavam. Eu me lembro de olhar do meio-campo pra lá e ver o semblante deles, todos cabisbaixos. Grande parte cabisbaixa, tipo: "Ah, não temos mais força. Não vai dar". Eles demonstraram.

Faltava pouquíssimo tempo, então nós tínhamos que agredir. Não tínhamos mais tempo pra tocar a bola pro lado. E o Gabi tinha acabado de fazer um gol, estava confiante. Meu futebol já é assim, minha opção é sempre pra frente. E quando eu recebi a bola que o Rafinha me passou, dominei com a esquerda, meu corpo posicionado pra frente. Não estava sendo pressionado e levantei a cabeça.

É quando eu vejo o Gabi com o braço levantado. O Bruno Henrique fez um leve movimento pra frente, o Gabi entrou nas costas dele, então eu falei: "É lá mesmo que vai!". E mirei justamente ali, atrás da linha de defesa deles pra que o Gabi pudesse ir ao encontro da bola, fazer a diagonal ali e encontrar com a bola.

O camisa 10 acreditou no iluminado atacante e tentou o passe longo. Pinola e Gabigol disputaram a primeira bola, o centroavante ganhou no corpo. A bola quicou atrás dos dois. Pinola, que fazia uma partida impecável, tentou a cabeçada, mas pegou mal. O desvio tirou seu companheiro de zaga da jogada e quase serviu de assistência para Gabigol. A bola ainda quicou duas vezes antes de ser disparada de canhota pelo centroavante, um chute veloz e indefensável no meio do gol de Armani.

Gabigol arrancou a camisa e saiu alucinado para festejar diante da incrédula torcida argentina. Bruno Henrique e Arrascaeta chegaram rápido para abraçá-lo. Em entrevista para o documentário *Até o fim*, da Globoplay, o centroavante resumiu os instantes que ficarão para a eternidade: "Está marcado na história e talvez seja um dos gols mais importantes do Flamengo. Naquele gol, não senti praticamente nada. Só falei pro Bruno: 'Não tô acreditando! Não tô acreditando!'. É realmente uma coisa que te marca, que te faz diferente de todos. E que te faz querer mais!". Normalmente contido, Everton Ribeiro extravasou diante das câmeras com olhos marejados e uma sentença: "Acabou!".

EVERTON RIBEIRO

> Ali foi uma loucura, cara! Já saí correndo, fui comemorar! Na hora eu falei: "Acabou!". Não sabia se faltava um, dois minutos pra acabar. Depois eu pensei ali: "Caramba! Eu falei que acabou... Imagina se a gente toma um empate?" (risos). E depois? Já pensou? Hoje em dia tudo vira meme, pensei nisso. "Caramba! Agora vamos dar a vida aqui pra acabar de verdade!"

Jorge Jesus corria pela área técnica para convencer o banco de que o jogo ainda não tinha acabado, escaldado por dolorosas derrotas pelo Benfica com gols sofridos nos acréscimos. Gabigol desfilava segurando a camisa 9 e mostrava seu nome, irritando os argentinos que queriam o reinício do jogo. Roberto Tobar esperava o atacante com um cartão amarelo na mão. Punição pequena para alguém que acabava de escrever o nome numa virada que seria lembrada pela maior torcida do Brasil por toda a eternidade.

JORGE JESUS

> A final foi um jogo dramático, que vai ficar sempre na mente dos jogadores, do treinador e da Nação flamenguista por aquilo que aconteceu no final da partida. Esperamos pelo momento certo e acabamos por vencer a Libertadores. Penso que no último quarto de hora, com as modificações táticas que fizemos, ajudamos a equipe no que aconteceu. Fomos à procura do risco e fomos sorteados por esse momento.

A maldição de quase quatro décadas sem título do Flamengo na Libertadores estava muito perto de acabar. Exausto, Arrascaeta foi substituído pelo volante paraguaio Piris da Motta. O jogo iria até os cinquenta minutos. Jorge Jesus berrava alucinadamente e ultrapassava a linha lateral. O português estava literalmente dentro de campo, muito além dos limites da área técnica. Em disputa no ataque com Palacios, Bruno Henrique cavou falta e foi chutado no chão pelo argentino. Roberto

Tobar expulsou o agressor. No bate-boca com o banco do River Plate, Gabigol também levou cartão vermelho por fazer gesto obsceno em direção aos adversários. Foi o último ato de uma partida gloriosa. Roberto Tobar apitou e o Flamengo era de novo o campeão da América.

RODRIGO CAIO

> Flamengo é não desistir nunca. Independentemente da situação que a gente tá vivendo, não pare de lutar! Vai ficar marcado pra sempre!

VITINHO

> Foi um dos momentos mais confusos da minha vida. Eu não sabia o que eu fazia. Se eu corria, se eu chorava, se eu gritava, se eu pulava! Acho que eu nunca me senti tão perdido na minha vida. Você fica em êxtase naquele momento!

FILIPE LUÍS

> Quem escreve o nome na história com o time de coração vive uma sensação indescritível. Mas eu tinha uma sensação ruim por dentro de não ter feito o meu melhor jogo. Eu estava com um peso no meu coração, falei até pro presidente do Flamengo:
> "Cara, desculpa, mas hoje eu não tava no meu dia."
> "Tá maluco? Ganhamos!"

RENÊ

> Tudo o que nós passamos, todo o sofrimento nesses anos, vaias, todas as porradas em aeroporto... Valeu a pena! A gente sabe que jogar num clube como o Flamengo vem com muita pressão, muita responsabilidade. Mas quando vem uma vitória, é uma vitória que ultrapassa qualquer título em qualquer outro clube. Acho que só uma Copa do Mundo poderia trazer a mesma sensação de ter sido campeão da Libertadores com o Flamengo.

PABLO MARÍ

> Nos minutos finais do jogo, passava muita coisa pela cabeça. Jamais vou esquecer a sensação de dizer: "Viramos a final da Libertadores!". Comecei a procurar onde estava minha família na arquibancada, a pensar: *"Madre mía!* Sou campeão!".

Alguns torcedores mais experientes tinham vivido os anos de Zico e a mágica equipe de 1981. Pouquíssimos tinham estado em Montevidéu 38 anos antes e voltaram a empurrar o time em Lima. Cláudio Cruz e Francisco Moraes, obviamente, foram ao Peru. Os dois lendários torcedores foram acompanhados pelas câmeras do *Fantástico*, da Rede Globo, durante a decisão. Os velhos corações rubro-negros foram duramente testados com a vitória tardia. Moraes confessou que já tinha perdido as esperanças aos quarenta minutos do segundo tempo e chorou como criança. Cláudio também chorava, mas tinha um motivo a mais: a ausência de César. O irmão falecido que dividiu com ele as aventuras na Libertadores de 1981 era o que faltava para a festa ser completa. Uma saudade infinita.

O cerimonial da Conmebol preparou rapidamente o palco onde os campeões receberiam as medalhas e a tão esperada Copa Libertadores. Antes, Bruno Henrique tinha sido chamado para receber o prêmio de melhor jogador da competição. O atacante recebeu um anel com 128 diamantes, usados para formar um desenho da taça e os dizeres "*Best of the Tournament*", em uma clara imitação das tradições de esportes norte-americanos. Os jogadores do River Plate receberam as medalhas de prata e tiveram o esforço reconhecido pela torcida argentina. Era a terceira final em cinco anos e o time de Marcelo Gallardo tinha conseguido mais volume de jogo que o Flamengo em Lima. Aplausos totalmente justificados.

Chegava a hora de premiar os campeões da América. Titulares, reservas e comissão técnica subiram ao palco, alguns levando filhos para dividir o momento único. Uma das explicações para que o Flamengo conquistasse o título era a harmonia entre seus maiores talentos. A briga para saber quem era mais importante no elenco, tantas vezes vista antes na Gávea e em outros clubes, foi substituída pela inteligente constatação de que é mais fácil chegar aos resultados tendo ao lado jogadores de qualidade.

DIEGO

Claro, eu tinha essa expectativa de estar ali, levantando a taça, não posso esconder isso. Depois de tudo o que eu vivi aqui no Flamengo, eu sonhei com esse momento. São situações que você conquista com o tempo, como nós falamos do Juan lá atrás.

E aí, como encontrar uma maneira de que cada um fique satisfeito? Porque foi uma vitória coletiva, cada um tem uma história linda ali e foi muito importante pra que a gente conseguisse. Mas eu não falei isso pra ninguém.

Logo que acabou o jogo, passaram-se uns cinco minutos e o Diego Alves veio e falou: "Cara, vamos levantar juntos?". A ideia dele e do Bruno Spindel era a seguinte:

"Os três colocam a faixa de capitão e levantam os três juntos! E aí, Diego? O que você acha?"

"Tô com vocês, vamos lá!"

DIEGO ALVES

"Desde 2017, quando cheguei, encontrei um grupo muito unido. Só que em especial esse de 2019, com jogadores que chegaram por um preço muito alto, com destaque grande por tudo que já tinham feito no futebol, a gente não sabia como seria. Na verdade, todos se adaptaram muito rápido aos jogadores que já estavam. Acabou virando uma família.

A chegada do Abel foi importante nesse sentido, de manter essa igualdade tanto dos mais velhos quanto dos mais jovens, mas especialmente a maneira do Jorge lidar com todos trouxe uma mudança generalizada ao vestiário. Fez com que as pessoas se ajudassem, quisessem o melhor dos companheiros.

EVERTON RIBEIRO

"Cada um teve o seu jogo importante ali com a faixa de capitão, e a gente ouvia o pessoal falando: "Quem vai levantar a taça? Quem vai?". Eu terminei o jogo com a faixa, mas a gente deixou avisado pro Clebinho, nosso roupeiro: "Ó, quando acabar, você entrega uma faixa pro Diego e outra pro Diego Alves".

Nossa equipe está sempre reunida. Acabam os treinos, ficamos ali batendo papo um bom tempo. E fora dali, as esposas, as famílias também estão sempre juntas. A gente consegue levar essa amizade que tem fora pra dentro do campo, pra ter a cobrança que precisa na hora de olhar um pra cara do outro e falar: "Ó, tá precisando mais!; Você tem que fazer aquilo!". E isso não interfere em nada no que a gente faz fora de campo, na nossa amizade. Isso acho que só aumenta.

Capitanear um time que vira pôster e ser o primeiro a erguer o troféu é um sonho que poucos topariam dividir. Pois a coroação do grande Flamengo de 2019 foi assim, com Everton Ribeiro compartilhando o simbólico momento de erguer a taça da Libertadores com outras duas importantes lideranças do grupo: o goleiro Diego Alves e o meia Diego. O gesto imortalizado ganhou a moldura de papéis picados em tons de dourado e fogos de artifício no ainda claro céu de Lima.

Estava desenhado o final perfeito para qualquer transmissão de futebol, filme ou livro, mas ninguém de vermelho e preto queria deixar aquele momento acabar. Teve volta olímpica, taça passando de mão em mão, choro, riso e samba. Desde a chegada de Rafinha ao Ninho do Urubu, o Flamengo nunca mais foi o mesmo. Partideiro, banjista e cavaquinista, o lateral fez das rodas de pagode com os companheiros uma rotina pós-treinamentos. Imagine se depois de uma conquista tão esperada não ia rolar samba! Os instrumentos musicais foram na bagagem e o som começou com Rafinha no banjo, Bruno Henrique no tamborim, Dantas no pandeiro, Thuler e Lincoln nos tantãs, Vinícius Souza no repique, Gerson no reco-reco, Rafael Santos no chocalho. Everton Ribeiro e o roupeiro Clebinho cantavam e marcavam o ritmo nas palmas.

RAFINHA

> Não tem crise! Todo dia a gente faz um barulhinho lá. O banjo e todos os meus instrumentos ficam no vestiário, sempre sai um samba. O repertório é variado, a gente faz um pot-pourri. Sai muita coisa boa ali, desde samba da antiga até os pagodinhos mais modernos. Tem pra todo mundo!

Na rua, na chuva, na fazenda, de Hyldon, foi a primeira que os jogadores cantaram, na versão de Jorge Aragão. O canto foi abafado pelos gritos que vinham da arquibancada: "Olê, olê, olê, olê! Mister, Mister!". O treinador que revolucionou o Flamengo e o próprio futebol brasileiro era reverenciado pela torcida, que rapidamente teve o coro de homenagem engrossado pelos jogadores. Enquanto acenava para a torcida, não percebeu a emboscada. Jogadores e pessoal de apoio viraram um tonel lotado de isotônico em cima de Jorge Jesus, que ficou ensopado. Nada que atrapalhasse o técnico, que continuou a festejar, mascando chiclete e enrolado na encharcada bandeira de Portugal.

Teve mais samba em Lima. Não podia faltar o bom e velho Fundo de Quintal, com *Nosso grito* ("Eta, vida! Eta vida de cão! A gente ri, a gente chora, a gente abre o coração") e um *hit* das arquibancadas, *Vou festejar* (de Jorge Aragão, Dida e Neoci, famosa na voz de Beth Carvalho), cantada em coro com a torcida rubro-negra que também não queria ir embora dali de jeito nenhum. O hino do Flamengo foi cantado mais uma vez e finalmente os atletas deixaram o gramado que tinha sido cenário de um milagre, a maior virada da história do Flamengo.

Até para o protagonista do jogo era difícil acreditar que tudo aquilo tinha realmente acontecido. Gabriel olhava para a TV do vestiário e acompanhava atento a repetição do gol do título. Ao lado dele, o médico Márcio Tannure e os roupeiros Moisés e Clebinho reviam a jogada. Gabriel destacou a sorte no lance: "Caiu na perna boa! Se caísse na direitinha...". A zoeira de Clebinho veio de bate-pronto: "Você errou esse chute. Se você acerta...". Gabigol encarou Clebinho, o roupeiro começou a rir e os dois se abraçaram.

O repertório da festa era eclético. Além de samba, teve muito funk. Rodinei regulou a caixa de som para berrar e os versos de MC Poze do Rodo exaltando o time do Flamengo já tinham sido decorados pelos jovens reservas. Eles cantavam alto a letra de *Os coringas do Flamengo*:

> Flamengo não tava bem, nóis tava numa fase ruim
> Contratamo treinador com o nome de Jesus
> Organizou o nosso time, a meta é ser campeão
> E trazer muita alegria pra nossa grande nação
> Tá difícil de parar os coringa do Flamengo
> Bruno Henrique, Arrascaeta e nosso menino Gerson
> Se tem jogo do Mengão, a torcida dá um show
> Pode levantar a plaquinha: hoje tem gol do Gabigol!
> Se tem jogo do Mengão, a torcida dá um show
> Pode levantar a plaquinha: hoje tem gol do Gabigol!

> Tá fluindo, Gabigol é artilheiro
> Tá tranquilo, segue o líder no Brasileiro
> Time tá de parabéns, todo jogo nosso é guerra
> O Maraca grita alto: hoje é festa na favela
> Time tá de parabéns, todo jogo nosso é guerra
> O Maraca grita alto: hoje é festa na favela

Quando o funk parou, jogadores, comissão técnica, *staff* e dirigentes formaram uma grande roda e, no meio dela, estava a esperada Copa Libertadores. Jorge Jesus pediu a palavra:

> Todos nós sonhamos com este dia. Conquistamos um troféu que nem todos terão a oportunidade de conquistar. Vocês merecem, este grupo é um grupo diferente de tudo o que vi em trinta anos de carreira. Quando o jogo acabou, vi vários jogadores chorando que não chegaram a ter tantas oportunidades de jogar na competição. Isso mostra o orgulho deles por fazerem parte desse clube e dessa equipe, e só assim se conquista troféus. Eu disse quando cheguei ao país que este clube era o melhor clube do mundo em termos de torcida, mas não seria o melhor clube do mundo enquanto não vencesse. Faltava ganhar títulos, o de hoje foi muito importante. Não tenho dúvidas de que este clube vai se tornar o melhor do mundo. E vocês são os causadores disso.

Depois dos aplausos, o Mister foi jogado para o alto pelos atletas a quem ele ajudou a voar.

Na manhã seguinte, às 10:48 horas, o voo com os campeões da América chegava ao Rio de Janeiro. Ainda na pista, Gabigol apareceu na janela da cabine de comando com a bandeira rubro-negra. O troféu desembarcou nas mãos do capitão Everton Ribeiro e um ônibus levou os campeões para o esperado reencontro com a torcida, que se aglomerava no centro da cidade para saudar o melhor time da América do Sul. As quatro pistas da avenida Presidente Vargas estavam tomadas de torcedores, gente inebriada pelo futebol fascinante que o time jogou em 2019 e pela virada que pôs os corações rubro-negros à prova. Do ônibus, a delegação campeã subiu em um trio elétrico para a festa que teve um comandante inesperado: Jorge Jesus soltinho no carnaval fora de época em vermelho e preto. O Mister dançou, cantou, mandou beijos à torcida e aproveitou cada segundo de celebração.

JORGE JESUS

Agora é fácil dizer que o Flamengo tinha uma grande equipe, mas para aquilo ter acontecido teve que haver muito trabalho dos jogadores e da comissão técnica. Os egos dos jogadores não eram tão importantes quanto os compromissos que eles tinham com o time. Isso fez com que eles abraçassem a ideia da equipe, tanto de defender quanto de atacar. Os jogadores deixaram seus interesses individuais para passarem a ter interesses coletivos.

Nunca vou me esquecer desta grande equipe, deste grande clube, destes grandes jogadores que trabalharam comigo. Sinto no meu coração uma gratidão para com todos os rubro-negros. Vou estar sempre com eles em todas as circunstâncias.

BRUNO HENRIQUE

Eu nunca tinha passado por nada parecido na minha carreira! As ruas estavam tomadas pela Nação, você não via um espaço vazio na rua e nas calçadas! Foi uma festa inesquecível!

VITINHO

Era um mar vermelho e preto! Era gente em cima de andaime, em cima de banca de jornal, gente em cima do poste, em cima dos pontos de ônibus. Eu vi amigos meus de infância, meu primo, uma pá de galera da minha área que é flamenguista! Foi incrível o que o torcedor fez! O presente que a gente recebeu da torcida, em se tratando de Flamengo, é o melhor presente que você pode ter! A gente andava, andava, andava, olhava pra trás e não tinha saído do lugar (risos)!

RODRIGO CAIO

O que a gente vivenciou em cima daquele trio foi algo único. Foi uma mistura de paixão, de emoção e de loucura ao mesmo tempo. Por mais que a gente vença a Libertadores, o Brasileiro, Copa do Brasil de novo, nada será igual ao que a gente passou naquele trio. Nada.

DIEGO ALVES

Foi um carnaval. Às vezes eu vejo imagens, vídeos que foram feitos lá, e a gente fala: "Meu Deus! Foi real mesmo!". Não tem palavra. É um momento único, foi perfeito. Os torcedores todos em lágrimas, chorando, agradecendo, cantando, e ao mesmo tempo homenageando jogador, treinador. Foi espetacular!

GERSON

Minha ficha só caiu quando vi aquela multidão. Ali pude ter noção do tamanho do feito que a gente havia conseguido. Desci do carro e peguei a máscara de Coringa de um torcedor. Fui devolver só depois de um tempo (risos). Aqueles dias foram os melhores da minha vida junto com o nascimento da minha filha.

RAFINHA

Mesmo que o Flamengo ganhe mais dez Libertadores, o que a gente viveu naquele trio elétrico não vai se repetir. As horas que passamos ali foram pra gente sentir verdadeiramente o que é ser Flamengo. Sentir o amor que o torcedor sente. A gente viu isso estampado no rosto de cada uma das pessoas que estava ali na Presidente Vargas esperando a gente passar pra dar uma palavra de apoio, um abraço, mandar um beijo. Crianças, recém-nascidos, mulheres penduradas nas árvores, em cima de pontos de ônibus, em cima de radares. Todo mundo ali pulando, querendo ver o trio! Pessoal de cadeira de rodas, gente nos prédios, em casas, uma loucura total. Foi um dos momentos mais marcantes da minha vida!

O desfile de quatro horas de duração foi mais longo que os das escolas de samba na Marquês de Sapucaí e mais intenso que o Cordão da Bola Preta e outros blocos que sacodem a região central da cidade em dias de Momo. E para coroar um domingo perfeito, o Palmeiras perdeu do Grêmio por 2 X 1 em casa e deu ao Flamengo o sétimo título de campeão brasileiro 23 horas depois da apoteose em Lima.

A taça do Brasileirão seria entregue quatro dias depois da finalíssima da Libertadores no Maracanã, no jogo contra o Ceará. Usando time misto, a equipe de Jorge Jesus demorou a engrenar na noite de festa e terminou o primeiro tempo perdendo por 1 X 0, gol de Thiago Galhardo. No segundo tempo a superioridade foi absoluta, com três gols de Bruno

Henrique e um de Vitinho para selar um placar de 4 X 1.

VITINHO

> Era o jogo de erguer a taça. Eu joguei muito bem, mereci muito fazer gol. Foi um campeonato que a gente jogou muita bola. Foi bonito de ver. O Bruno Henrique tinha feito um *hat-trick* no jogo contra o Corinthians e eu fiz gol nesse jogo, foi 4 X 1. E contra o Ceará, o Bruno fez *hat-trick* de novo. E eu fiz gol de novo! Eu falei pra ele: "Bruno, quando tu for fazer um *hat-trick*, me avisa antes que eu vou fazer meu gol também (risos)".

De novo, Everton Ribeiro dividiu com Diego e Diego Alves o privilégio de erguer a taça e dar início a mais uma volta olímpica na doce rotina rubro-negra. Depois da festa, Jorge Jesus falou sobre a nova conquista:

> Nós viemos aqui demonstrar que os campeões querem sempre mais. Está no hino do Flamengo: "Vencer, vencer, vencer". E a vitória era o que interessava num dia de festa, da entrega da taça de campeão. Era importante seguir com uma vitória, bater o recorde de pontos do campeonato. E esta equipe vai ficar na história do Flamengo.

EPÍLOGO

Não importa se Zico já é avô e se aproxima dos setenta anos. Vê-lo desfilar com a camisa 10 no gramado do Maracanã faz muita gente acima dos quarenta chorar a cada Jogo das Estrelas. A partida anual beneficente organizada pelo Galinho de Quintino sempre acontece no fim da temporada e mexe com a imaginação de diferentes gerações. Ali se misturam craques do presente e do passado. Enquanto pais recorrem ao YouTube para explicar aos filhos o quanto jogavam bola aqueles senhores grisalhos e levemente barrigudos, os jovens, em sua maioria, estão ali para curtir craques do momento.

Para deleite de quem viu o melhor Flamengo da história, os campeões da Libertadores e do Mundial de 1981 vieram para a festa. Além do anfitrião Zico, estavam lá Júnior, Mozer, Tita, Nunes, Lico, Marinho, Andrade, Adílio, Vítor e Peu. Durante quase quatro décadas, aquela geração reinou absoluta nos corações rubro-negros. O ontem e o hoje se encontraram quando os convidados de Zico entraram em campo. Entre eles estão dois campeões da Libertadores de 2019: Rafinha e Everton Ribeiro.

Os times branco e vermelho estavam perfilados antes do jogo amistoso quando começava mais um capítulo dessa viagem pela memória afetiva dos rubro-negros. Os troféus de campeão brasileiro de 2019 e das Libertadores de 1981 e 2019 foram trazidos para o campo. Rafinha levantou para a torcida o símbolo da conquista do Brasileirão, esperado na Gávea havia dez anos. Mas a imagem mais comovente é a de Zico, maior artilheiro do Maracanã com 334 gols, erguendo a taça de 1981 ao lado de um sucessor que demorou longos 38 anos para chegar. Everton Ribeiro repete o gesto do maior de todos com absoluta naturalidade. O meia ainda não tinha a noção exata do lugar que agora ocupa na história e no coração da torcida.

A naturalidade era a mesma quando o jogo começa e ele vestia a camisa 7 do time vermelho, do qual Zico é o 10. Da meia-lua, o Galinho deu passe por cobertura para Everton na marca do pênalti. De costas para a bola, ele levantou a perna esquerda e, de calcanhar, deixou Petkovic na cara do gol. O sérvio rolou de volta e Everton fez o gol, que acabou anulado pela assistente Fernanda Colombo. Mais tarde, o meia campeão da Libertadores 2019 deu assistência para Nunes marcar o sexto gol do time de Zico, em uma fusão de dois momentos vitoriosos da história rubro-negra que certamente mexeu com a imaginação de muita gente. Divertidas e inúteis comparações: Everton Ribeiro barraria Tita em 1981? Quem seria o titular no seu time: Nunes ou Gabigol?

O saldo de Zico nos seus noventa minutos anuais em campo foram três gols marcados e vitória do time dele, o vermelho, por 9 X 5. Além da renda do jogo, dividida entre 12 instituições beneficentes, o eterno camisa 10 do Flamengo tinha um motivo a mais para sorrir no fim de 2019. A fabulosa geração de 1981 não era mais a única a dar uma Libertadores ao clube. O Fla Memória, museu que guarda na sede da Gávea troféus e relíquias acumulados em 125 anos, vai contar também a história da maior de todas as viradas: o milagre em Lima.

AGRADECIMENTOS

Este livro é como um filho não planejado. Marcelo Duarte queria relançar *1981 – O ano rubro-negro* e, para atualizá-lo, me pediu um texto de 16 páginas sobre as conquistas do Flamengo em 2019. Eu voltei com 120 páginas e o capítulo extra mostrou que tinha vida própria. Queria ser livro. Ganhei do editor mais quarenta dias para encorpar a cria.

Era pouco tempo para entrevistar tanta gente, mas a história aqui fala de acreditar até o final do jogo. Liguei para minha amiga Ana Paula Garcez, produtora de mão-cheia, atrás do contato de um dos jogadores. Em vez de apenas passar um número de telefone, ela decidiu entrar em campo para ajudar um velho amigo. Aninha teve para este livro a mesma importância de Gabigol para o Flamengo em Lima. *Shosholoza!* Também agradeço a André Plihal e ao craque Alex pela importante ajuda nesse meio-campo.

Lúcio de Castro é para o jornalismo brasileiro o que Romário foi na grande área. Quando recebi o texto que está na orelha deste livro, chorei como criança. Pela beleza do texto e pela indignação de ver o melhor repórter do país banido pelas grandes corporações de mídia enquanto está no auge do seu jogo. Exílio imperdoável. A escalação da minha Seleção Brasileira de jornalismo sempre será Lúcio de Castro e mais dez.

Assim como já tinha feito em *1981 – O ano rubro-negro*, Lycio Vellozo Ribas recriou os gols da campanha de 2019 com seu talento, ampliando a experiência visual da obra. Além de ser o autor de *O mundo das Copas*, o melhor e mais completo livro sobre mundiais de futebol já feito no Brasil, Lycio é de uma generosidade ímpar. Outro amigo querido que já havia colaborado em meu livro de estreia e reaparece aqui é Eduardo Vinícius de Souza, que cedeu os ingressos reproduzidos nesta obra. Edu é dono da maior coleção particular de itens relacionados ao Flamengo e segue zelando pelo Patrimônio Histórico do clube.

Obrigado ao Clube de Regatas do Flamengo. Um clube é feito de pessoas, e este livro só foi possível graças a jogadores, comissão técnica, *staff*, dirigentes e torcedores. Quero agradecer em especial a Rodrigo Caio, Filipe Luís, Vitinho, Diego Alves, Willian Arão, Everton Ribeiro, Marcos Braz,

Renê, Diego Ribas, Arrascaeta, Bruno Henrique, Pablo Marí, Gerson, Rafinha e Jorge Jesus. Aos assessores Marcelo Flaeschen, Sergio Luci, Cadu Machado, Henrique Coelho, Rafael Carvalho, Raphael Raposo, Rafael Cotta, Leonardo Saueia, Lucas Machado e Luís Miguel Henrique.

Minha gratidão a Valéria, Marcos, vó Dinda, AC, Kuni, Gui, Bebel, Jayme, Ceci, Beto, Valéria, Nanda, Dedeia, Bimbo, Nina, Henricão, Beth, Giovanna, Patrícia, tio Luizinho, Luz, tio Vini, Obiba, vó Marleni, May Lin, Tita, Luiz, Amanda, tio Márcio e toda a turma, Bia, Miltinho, Lango, Cau, Família Nicolay, Zé Carlos, Gracinha, Edla, Yuri, Léo, Luciana, Lucas, Danuza, João Loyola, Juliana, João Marcinho, Mayta, João Márcio Neto, Ricardo, Nara, doutor João Márcio, Nonô, Aline, Alexandre, João, Henrique, Brunão, Pat, Lucas, Flávio Tadashi, Wania Rattes, Del Guiducci, Frei Gustavo, André Medella, Mauro Cezar, Ana Paula, Ana Clara, Arthur, Léo, Paulo Vinícius, Adriana, João Pedro, Bruna, Celso, Patrícia, Carolina, Bia, Daniel, José Trajano, João Simões, Cris Freitas, Dani Novo, Thiago Blum, Carlos Brighi, Manu Queiroz, Fernando Victorino, Regiane, Zé Cláudio, Maria Eugênia, Karen Barbosa, Luiz Carlos Largo, Cledi Oliveira, Edu Souza, Dani Greeb, Marcelo Gomes, Cícero Mello, Luiz Ribeiro, Patrícia Lopes, Gabriela Moreira, Luís Roberto, Lédio Carmona, João Máximo, Bruno Chiarioni, Jean, Naiana, Olivinha, Juliano Machado, Liúca, Jun, Juliana Veiga, Gui Graziano, Gui Daolio, Helvídio Mattos, Roberto Salim, Mendel Bydlowski, Marcelo D'Sants, Pedro Tattoo, Stella Spironelli, Marcela Rafael, Dimas Coppede, William Tavares, Zé Elias, Cláudio Arreguy, Gustavo Hofman, Mário Marra, Maíla Machado, Welington Fajardo, Márcio Guerra, Ivan Elias, Wallace Mattos, Daniel Andrade, Érica Salazar, Fernanda Guelber, Geraldo Muanis, Juliana Duarte, Márcia Cesário, Thiago Cesário, Ivan Costa, Ricardo Wagner e todos os amigos de Juiz de Fora, Raquel Corrêa, Gustavo Sajonc, Hermes & Renato, Laís Duarte, Rogério, Luna, Diego Soares, Guilherme Boucinhas, Danilo "Japa" Nuha, Zico, Leo Júnior, Nei Dias, Adílio, Rondinelli, Cláudio Cruz, Francisco Moraes, Paulo César Coutinho, Dorival Júnior, Alex Arruda, Gláucia, Luca, Mirela, Marcelo Macedo, Pedrinho Santos, Marcelo Olímpio, Tide Queiroz, Medrado, Leozinho Clerier, Chico Miloski, Flávio Berredo, Bernardo Barnes,

Felipe Aquilino, Bruna Rufino, Andrei Kampff, Majo Cabezudo, Fábio Seixas, Caio Corrêa, Gustavo Franceschini, Felipe Rolim, Giovanni Martinello, Guffo, Helena Calil, Leandro Mamute, Lucho Silveira, Luiz Ademar, Luiz Alano, Marcelo Gomes, Pedro Canísio, Rafael Oliveira, Bruno Laurence, Mariana Fontes, Duda Salles, Marcius Melhem, Xico Pati, Leandro Iamin, Matias Pinto, Gil Luiz Mendes e a todos da Central 3, Colégio Ipiranga, Faculdade de Comunicação da Universidade Federal de Juiz de Fora e toda a equipe da Panda Books.

Obrigado, Deus.

Em memória de
Aldir Blanc
Ary Pereira da Silva
Arthur Loiola Bydlowski
Aurora Pereira da Silva
Cadu Cortez
Fausto Fanti
Felipe Berredo
Frederico Marcondes
Geneton Moraes Neto
Jorge Luiz Domingos (Jorginho)
José Antônio de Sá (senhor Roberto)
Luis Alberto Volpe
Marilene Dabus
Milton Duriez
Moraes Moreira
Rodrigo Rodrigues
Ruth Duriez

e dos Garotos do Ninho
Athila Paixão
Arthur Vinícius de Barros Silva Freitas
Bernardo Pisetta
Christian Esmério
Gedson Santos
Jorge Eduardo Santos
Pablo Henrique da Silva Matos
Rykelmo de Souza Vianna
Samuel Thomas Rosa
Vitor Isaías

REFERÊNCIAS BIBLIOGRÁFICAS

ASSAF, Roberto & MARTINS, Clóvis. *Almanaque do Flamengo*. São Paulo: Editora Abril, 2001.
_____. *História dos campeonatos cariocas de futebol 1906-2010*. Rio de Janeiro: Maquinária Editora, 2010.
Copa Libertadores de América 1960-2010. Assunção: Confederación Sudamericana de Fútbol, 2010.
RODRIGUES, Rodolfo. *Vencemos juntos: O futebol do Flamengo em 2019*. Rio de Janeiro: Ediouro, 2020.
SORIANO, Ferran. *A bola não entra por acaso – Estratégias inovadoras de gestão inspiradas no mundo do futebol*. São Paulo: Larousse do Brasil, 2010.

REVISTAS
Exame, Placar, El Gráfico, Guía Marca

JORNAIS
Jornal do Brasil, O Globo, Jornal dos Sports, O Dia, Extra, Zero Hora, Diário Catarinense, Folha de S.Paulo, Lance, El Deber (Bolívia), *El País* (Uruguai), *El Universo* (Equador), *El Comercio* (Equador), *A Bola* (Portugal), *Record* (Portugal) e *The Guardian* (Inglaterra)

SITES
agenciasportlight.com.br
blogdomaurocezar.blogosfera.uol.com.br
brasil.elpais.com
central3.com.br
conmebol.com
espn.com.br
exame.com

fifa.com
flaestatistica.com.br
g1.com.br
globoesporte.com
historiadetorcedor.com.br
lance.com.br
memoria.bn.br
ogol.com.br
ole.com.ar
ovaciondigital.com.uy
serflamengo.com.br

PROGRAMAS E DOCUMENTÁRIOS
Alta definição, SIC (Portugal)
Até o fim: Flamengo campeão da Libertadores 2019, Globoplay
Esporte Espetacular, TV Globo
Fantástico, TV Globo
Fla TV, YouTube
Globo Esporte, TV Globo
A glória eterna, Conmebol
Jornal Nacional, TV Globo
Sem filtro: Flamengo, DAZN/Conspiração Filmes